Barbara Sichtermann
Karl Marx: neu gelesen

Karl Marx, etwa 1880

Barbara Sichtermann
Karl Marx: neu gelesen

Verlag Klaus Wagenbach   Berlin

*Für Anregung und Unterstützung
danke ich Christian Fenner.* B. S.

©1990, 1995 Verlag Klaus Wagenbach, Ahornstraße 4, 10787 Berlin
Umschlaggestaltung Rainer Groothuis unter Verwendung
einer Zeichnung von Kerstin Meier
Satz aus der Korpus Walbaum roman und Franklin Gothic
von Mega-Satz-Service, Berlin
Druck und Bindung durch Clausen & Bosse, Leck
Printed in Germany. Alle Rechte vorbehalten
ISBN 3 8031 3033 6

Inhalt

Mach schon, zeig mir das Kapital!

Barbara Sichtermann
Marx heute

»Da ist z. B. dieses stinkende Wirtshaus, da
kommen sie zusammen und setzen sich in eine
Ecke. Na, und worüber werden sie reden? Doch
über nichts anderes als über die Weltfragen:
Gibt es einen Gott, gibt es eine Unsterblichkeit?
Und die nicht an Gott glauben, die werden über
den Sozialismus und den Anarchismus reden,
über eine Umgestaltung der ganzen Menschheit
nach einer neuen Ordnung; weiß der Teufel,
was dabei herauskommt, das sind doch alles die
gleichen Fragen, nur vom anderen Ende her
gesehen. Und eine Unmenge der originellsten
Knaben tun bei uns heutzutage nichts anderes,
als über die letzten Probleme reden. Ist es nicht
so?«

F. Dostojewskij, *Die Brüder Karamasow*, 1879

Gehörige Zeitentrücktheit

Die Armut kommt zurück in den Westen, das Elend in seiner
Schreckensgestalt als Straßenräuber, Kinderstricher und Dro-
genopfer. Ganz war es nie verschwunden, aber die für seine Be-
obachtung, Linderung und Einhegung zuständigen Spezialisten
bearbeiteten es meist so wirkungsvoll, daß es dem Anblick der
Glücklicheren entzogen blieb. Seit dem Fall der Mauer ist es
besonders in der deutschen Hauptstadt wieder sichtbar. Berlin
erwacht zu einer ganz normalen westlichen Metropole wie New
York oder Rom – inklusive der dazugehörenden Kriminalitäts-
rate, der Preisexplosion bei Citygrundstücken, der Verwahrlo-
sung in den Außenquartieren und des Verkehrsinfarkts, zu einer
Großstadt mit mengenweise mittellosen Zuwanderern, geschla-
genen Glücksrittern, alkoholabhängigen Arbeitslosen und ver-

bitterten Kleinstrentnerinnen. Ob die Armut noch weiter west-
wärts ziehen und Städte wie Frankfurt, Mannheim, Düsseldorf
an ihre tückische Überlebensfähigkeit erinnern wird, sei dahin-
gestellt. Sehr wahrscheinlich ist, daß der Sozialstaat, die säku-
lare Antwort des Westens auf die Unzulänglichkeiten des Kapitalismus, an seine Grenzen stoßen und seine Erfinder und
Verwalter vor neue Herausforderungen stellen wird. Die pfle-
gen schon heute mit umso reinerem Gewissen ihr Entsetzen, als
sie sich schuldlos wähnen: die neueste Armut entstammt nicht
ihrer eigenen Klientel, sondern der menschlichen Konkurs-
masse des realen Sozialismus. Sind sie etwa verantwortlich für
die ausgepowerten Polen, die gequälten rumänischen Zigeuner
und die konsumhungrigen Russen, die da an das ehemalige
Westberlin herandrängen? Im Gegenteil, die Freiheit ist die
letzte Hoffnung dieser Verlierer, sie war es immer schon. Die
Marktwirtschaft und ihr sozialer Überbau stehen gerührt, aber
schlecht gerüstet, bereit, um das Schlimmste zu verhüten, wenn
die Armut in den Westen zurückkehrt.

Wieso »zurück«? Was da kommt, ist doch eine Invasion von
Habenichtsen, die ihr Gastrecht bzw. ihr Recht, als Gäste aufzu-
treten, zu reisen und sich zu verändern, eben erst errungen haben. Die kommen von außen und insofern nicht »zurück«. Der
Zusammenbruch der sozialistischen Diktaturen war weder das
Werk des Westens noch sein Wunsch. Es genügt, wenn die kapitalistischen Demokratien, allen voran die Bundesrepublik, einen Teil der Folgelasten tragen, indem sie den Immigranten-
strom kanalisieren, Hilfeleistungen aufbringen und mit Kapital
und Know how zur Verfügung stehen. Man kann ihnen doch
nicht die Schuld an der Misere aufladen.

In der Tat, die Kategorie »Schuld« macht sich schlecht in so
einem Kontext. Streichen wir sie, suchen wir nach dem geeigne-
ten Begriff. Und fragen wir so: Kann man die Errichtung einer
mit sozialistischer Ideologie legitimierten Einparteien-Diktatur
in der nachmaligen Sowjetunion *ohne* die Existenz eines überlegenen kapitalistischen Westens erklären? War nicht der Sozialismus als Kritik, Gegenentwurf, Modell und Großversuch immer eine *Reaktion* auf kapitalistischen Wildwuchs – der vor
hundert Jahren noch keine Beschneidung, d. h. keine Demokratie und nur Ansätze eines Sozialstaats kannte? Ist insofern nicht
die Armut, die heute aus dem zusammenbrechenden Großversuch flieht, *mittelbar* ein Produkt auch des Westens? Das realsozialistische Experiment war in seinem Ursprung eine (russische) *Gegenposition* – gegen die bedrohliche Überlegenheit des

Kapitalismus der alten westlichen Zivilisationen. So gesehen dürften die historischen Sieger in der »Konkurrenz« von Markt- und Kommandowirtschaft, Individualismus und Kollektivismus, Parteienpluralismus und KP-Diktatur ihre *Verantwortung* für das Desaster des Sozialismus, seiner Errichtung und Abdankung, doch nicht so ganz von sich schütteln.

Zugegeben, es bedarf eines zeitentrückten Standpunktes, um eine solche Verantwortung wahrzunehmen und gar zu verlangen, daß die »Sieger« sie tragen. Wenn die Kosten für die Sanierung der kaputten DDR, für eine Unterstützung der Wende-Verlierer, für das Huhn im Topf der Polen, deren Gänse wir Weihnachten immer geschmaust haben, für eine Umschulung der jungen Sachsen, die in Zwickau Trabis geleimt haben, und für ein Dach überm Kopf der Siebenbürger oder wer sonst in den üppigen Kapitalismus drängt – wenn diese Kosten aufgebracht werden sollen und die feiste Wohlhabenheit des Westens gereizt die Schatulle schließt, dann wird es nötig, ein wenig auszuholen. Zeitentrücktheit ist nichts anderes als eine Konsequenz des historischen Blicks – und der gehört sich durchaus, wenn es, wie jetzt zwischen Ost und West, um epochale Zuständigkeiten geht. Fragt man, wie alles anfing, so landet man bei 1917. Oder 1848. Oder 1789. Jedenfalls im 19. Jahrhundert und bei *Karl Marx*.

Die Illusion der Schwere

Der Gründervater des Sozialismus war nur einer von vielen. Geradeso wie es im vorderen Orient zu Zeiten des biblischen Jesus von Propheten und Wunderheilern wimmelte, drängten sich in der Mitte des vorigen Jahrhunderts an den Stammtischen, in den Redaktionen und Versammlungslokalen Europas die weltlichen Weltverbesserer. Der Sozialismus war eine Verheißung, ein Reiz- und Modethema, ein profanes Evangelium, er war die utopische Antwort auf die normative Kraft faktischer Erschütterungen, die den Kontinent im Gefolge der Revolutionen des Bürgertums aufwühlten. Er lag in der Luft wie vormals in der antiken Welt die Erlösungshoffnung. Daß es Marx war, der unter den zahlreichen sozialistischen Denkern und Politikern als ideeller Gründer der Sozialdemokratie und später der europäischen Sowjetrepubliken überlebt hat, ist ein Stück weit historischer Zufall. Er war nicht der einzige europäische Revolutionär, der in der Arbeiterschaft den Freiheitshelden der Zukunft und im zaristischen Rußland den Hort der schwärzesten Reaktion erblickte – und folglich den russischen Umstürzlern seiner Zeit eine wenn auch skeptische Sympathie bekundete. Was ihn gleichwohl von seinen Mitstreitern unterschied, die Substanz seines theoretischen Werks, kann schon deshalb nicht der Grund für seine Bedeutung in der westlichen und der russischen Sozialdemokratie gewesen sein, weil man ihn hier wie dort mißverstanden, umgedeutet oder gar nicht erst studiert hat. »Die Partei Bebels und Liebknechts« führte immerhin noch ihre (posthume) Auseinandersetzung mit Marx, die Russen aber fledderten ihn. Sie mußten es tun, denn er paßte nicht in ihre Landschaft. Warum sie ihn überhaupt adoptierten, bleibt erklärungsbedürftig.

Es wird so gewesen sein, daß die Autorität der deutschen Sozialdemokratie innerhalb der Zweiten Internationale den Russen gar keine andere Wahl ließ als die, »Marxisten« zu werden, daß also Marx unter den russischen Revolutionären als deutscher Exportartikel zu Ansehen kam, wobei der Ausgang fraktioneller Fehden, Spaltungen und Vereinigungen letztlich entscheidender war als das Gewicht der Theorie, die Marx vorgelegt hatte. Es ist eigenartig, wie lange sich sowohl unter den Angreifern als auch unter den Verteidigern der Marx'schen Ideen die Illusion gehalten hat, »Das Kapital« oder »Der Bürgerkrieg in Frankreich« seien, als zur materiellen Gewalt verdichtete Gedankenarbeit, höchstselbst nach Rußland einmarschiert und hätten dort als geistiges Zentrum die Bolschewistische Partei ferngelenkt. Als Marx den Satz von der Theorie schrieb, die zur materiellen Gewalt werde, sobald sie die Massen ergriffe, hat er wohl kaum ein bestimmtes theoretisches Werk gemeint, nicht einmal sein prospektives eigenes, sondern die Gedanken, die – mehr oder weniger elaboriert – in der Luft einer Epoche liegen. Daß sich die Massen im Falle eines Falles ausgerechnet von der »Warenanalyse« würden ergreifen lassen, muß auch Marx bezweifelt haben – seine Arbeiten dienten bis zum Schluß der »Selbstverständigung« unter einer schmalen Schicht intellektueller Kommentatoren und Programmatiker der Arbeiterbewegung. Seine, Marxens, Aufklärung sollte natürlich einen politischen Zweck erfüllen; sie hat das im Sinne ihres Erfinders aber nur bedingt getan. Einmal dogmatisiert und zur »Lehre« kanonisiert, fiel sie der Kasuistik streitlustiger Schriftgelehrter zum Opfer und wurde je nach Lage getrimmt, verkürzt, gedehnt, unterschlagen und umgeschrieben. In der

Hand sozialdemokratischer, kommunistischer, gewerkschaftlicher und sonstiger Fraktionen der Arbeiterbewegung mutierte sie zu ideologischem Kitt, der so oder so zurechtgeknetet werden konnte, der Anhänger wie Führungskader auf die Parteizentrale einschwören und sie an die jeweils herrschende Linie binden sollte. Daß durchaus Versuche gemacht wurden, den »wahren« Marx unter dem Wust der Umdeutungen hervorzubefördern, daß insbesondere die jungen Wissenschaften Soziologie und Wirtschaftstheorie gerade im Westen viel aus dem Marx'schen Werk schöpfen konnten – all das ändert nichts daran, daß dieses Werk weder in seiner ursprünglich komplexen und anspruchsvollen Fassung den Arbeiterführern Europas als handlungsleitende Maxime gedient hat, noch jemals die Massen ergriff. In der Ideologie besonders der russischen Kommunisten findet sich etwa so viel Marx wie Jesu Geist in den Urteilsbegründungen der Inquisition. Die beiden einzigen Revolutionäre, die fähig gewesen wären, auf Marx'sche Theoreme den gewandelten Umständen entsprechend zu reagieren und sie kongenial zu interpretieren, Rosa Luxemburg und Leo Trotzki, landeten zwischen allen Stühlen und wurden am Ende von ihren eigenen Parteigenossen geopfert.

Pro captu lectoris habent sua fata libelli. Wir wissen doch, was aus Texten wird, die zwischen die Mahlsteine politischer oder religiöser Fraktionskämpfe und revolutionärer Umwälzungen geraten. Viel erstaunlicher als der Umstand, daß Marx mißverstanden und verfälscht wurde, ist, daß die ehemaligen Sachwalter des realen Sozialismus genauso wie deren Gegner bis heute so getan haben, als offenbare sich der Dr. Karl Marx aus Trier mit den Hervorbringungen seines Genius unmittelbar in Fünfjahresplänen, nationaler Volksarmee, Staatssicherheit und Sozialistischer Einheitspartei. Daß nichts davon je in Marx' Vorstellung Platz gefunden hätte, haben schon ältere Verteidiger des großen Philosophen belegt; was wir hier nachschieben, ist der an Marxisten und Anti-Marxisten gleichermaßen zu richtende Vorwurf einer grotesken Fehleinschätzung der Reichweite und Wirkungsmacht von Theorien. Kein einzelner Denker, nicht einmal ein deutscher Philosoph des 19. Jahrhunderts, war imstande und wird je imstande sein, ein ganzes vor ihm liegendes Jahrhundert nach dem Bilde seiner Theorie zu formen. Und wenn es so erscheint, muß mißtrauisch nach den wahren Triebkräften des Säkulums gefragt werden, die immer auch eine Antwort auf die Eigenart der ideologischen Selbstdarstellung bereithalten. Marx übrigens begann seine Laufbahn als

Philosoph und Gesellschaftstheoretiker mit einer Polemik gegen diejenigen seiner Kollegen, die sich zur Revolutionierung ihrer Epoche mittels des bloßen Gedankens in der Lage sahen:

»Ein wackrer Mann bildete sich einmal ein, die Menschen ertränken nur im Wasser, weil sie vom Gedanken der Schwere besessen wären. Schlügen sie sich diese Vorstellung aus dem Kopf, etwa indem sie dieselbe für eine abergläubige, für eine religiöse Vorstellung erklärten, so seien sie über alle Wassergefahr erhaben. Sein Leben lang bekämpfte er die Illusion der Schwere, von deren schädlichen Folgen jede Statistik ihm neue und zahlreiche Beweise lieferte. Der wackre Mann war der Typus der neuen deutschen revolutionären Philosophen...«

Dieser Typus ist immer noch nicht ausgestorben. Marxisten ebenso wie Anti-Marxisten mochten sich bislang nicht zu dem von Marx so konzis herausgearbeiteten Standpunkt durchringen, wonach man Gesellschaftsformationen, politische Strukturen und den Charakter von Regimen nicht aus ihren ideologischen Rechtfertigungssystemen erklären kann. »Marx hat uns gezeigt«, schreibt Claude Lévi-Strauss, »daß sich das soziale und individuelle Bewußtsein ständig selbst betrügt. Er stellt in den Sozial- und Humanwissenschaften eine Revolution dar, die mit der Revolution der Naturwissenschaften im 17. Jahrhundert vergleichbar ist.«

Selbst wenn unsere Chronisten dazu in der Lage sind, Geschichte und Ideologie (auch) zu trennen – beim realen Sozialismus und Marx machen sie eine Ausnahme. »Ludwig Erhard hat endgültig über Karl Marx gesiegt«, hieß es in der FAZ vom 28. April 1990, und das ist nur ein Beispiel von hunderten. Überall wird Marx gestürzt – als Vordenker, Vorkämpfer, Büste oder Straßenname, mit allen möglichen Siegern über seine angebliche magische Dauerwirkung muß er sich in einem Atemzuge nennen lassen. Und doch hat, behaupten wir, das imperialistische Terrorregime, für das man ihn verantwortlich machen will, seinen Namen eher zufällig auf seine Propaganda-Broschüren geklebt. Die Russen haben Marx nicht gekannt, und er hat eine Umwälzung nach seinen Ideen im Reich des Zaren für unmöglich gehalten. Der russische Marxismus war von Anfang an ein Mißverständnis.

Die Ausgrabung des Professors Y aus Massachusetts

Wenn es richtig ist, daß an Karl Marx' schauerlichem historischem Ruf der Zufall beteiligt war, daß er genausogut wie etliche seiner Mitstreiter in Vergessenheit hätte sinken können, dann wäre es nicht ohne Reiz, auszudenken, wie die Nachwelt reagieren, was sie an ihm finden würde, wäre er tatsächlich heute unbekannt und durch die in Bibliotheken heimlich und geduldig geleistete Ausgrabungsarbeit eines, sagen wir, skurrilen amerikanischen Historikers, erneut ans Licht der Öffentlichkeit gebracht. »Deutsch-jüdisch-englischer Philosoph und Ökonom aus dem 19. Jahrhundert wiederentdeckt« könnte eine Notiz im Feuilleton der Tageszeitung überschrieben sein, und die Monatszeitschrift für Politik und Kultur ginge dann solcherart ins einzelne: »Der 1818 in Trier als Sohn eines jüdischen Rechtsanwalts geborene Karl Heinrich Marx, der, aus seiner Heitmat wegen Verschwörerei ausgewiesen, später in England gelebt hat und Fachhistorikern als Mitbegründer und Berater verschiedener umstürzlerischer Sekten ein Begriff sein dürfte, hat, wie erst heute, über hundert Jahre nach dem Tode des exzentrischen Gelehrten publik wurde, eine voluminöse Untersuchung mit dem Titel ›Das Kapital‹ hinterlassen, zusätzlich ein umfangreiches Konvolut von Skizzen und Einzelanalysen für Folgebände des Torso gebliebenen ökonomisch-soziologischen Gesamtwerks. Ein erster Band erschien 1867, wurde vom Publikum ignoriert, von der Kritik abgetan und verschwand schließlich in der Versenkung. Jetzt geht der Verlag X das Risiko ein, ›Das Kapital‹ erneut zu veröffentlichen – mit einem Kommentar des Marx-Entdeckers Prof. Y von der Z-Universität in Massachusetts. Prof. Y macht sich für eine Neupublikation des Werks mit dem Argument stark, die in Methode und Sprache überraschende Modernität des Buches hätte die Zeitgenossen seines Autors überfordert, vermöchte aber heute ein geneigtes und geeignetes Publikum durchaus zu finden…« Käme der Verlag X auf seine Kosten? Könnte sich »Das Kapital«, bislang Bestseller aufgrund von Zwangsmaßnahmen, am Markt behaupten? Erweckte es in freiwilligen Lesern jene Teilnahme und Begeisterung, die Millionen gedeckelter Ostblock-Schüler bei der Lektüre schmalerer Propaganda-Schriften wie »Lohn, Preis und Profit« von Marx oder »Die Entwicklung des Sozialismus von der Utopie zur Wissenschaft« von Friedrich Engels zu heucheln hatten? Wäre Marx, heute gleichsam neuentdeckt und unvoreingenommen studiert, ein Faszinosum?

Das wird sich zeigen – denn eine Neuentdeckung seines Werks ist heute wirklich möglich. Da sein Name zu Unrecht für den realen Sozialismus Pate gestanden hat, da er diskreditiert worden ist durch ein System, das mit seinem Denken, Hoffen und Handeln gar nichts zu schaffen hatte, sind wir Nachgeborenen ihm eine Ehrenrettung schuldig. Andererseits sind wir, die Zeugen seiner Entthronung, die er genausowenig »verdient« hat wie seine Inthronisierung, erst heute frei, ihn unbelastet zu studieren. Gerade jetzt, wo niemand mehr etwas von ihm wissen will und wo er nichts mehr beweisen soll, können wir umso unbefangener danach fragen, was er eigentlich sagen wollte.

Nicht daß wir die ersten wären, die eine »Ehrenrettung« versuchen. Die Anzahl derjenigen, die Marx im Sinne akribischer Werktreue und mit der Anstrengung historischen Verstehens gegen seine Ausbeutung durch kommunistische Machtpolitiker zu schützen versucht haben, ist ansehnlich, wenn auch geringer als die der dogmatischen Parteifürsten und autoritären Ideologen, die aus ihm eine realsozialistische Galionsfigur gemacht haben. Die Studenten in Ostberlin, Budapest und Moskau lernten Marx in den Populärversionen ihrer Parteischreiber kennen, ihr ideologischer Ziehvater war Lenin – ein Mann, der Marx, soweit er ihn gekannt, gnadenlos verbogen hat. In der DDR wurden die Marx'schen Jugendschriften, darunter die erst 1932 entdeckten Ökonomisch-philosophischen Manuskripte, zur Lektüre ausdrücklich nicht empfohlen. Begeisterte Marx-Leser galten überhaupt als verdächtig und mußten, wenn sie ihre Vorliebe bekannt werden ließen, mit Bespitzelung rechnen. Der Witz ist, daß Marx tatsächlich all das war und geblieben ist, was wir in unserem »Was-wäre-wenn«-Spiel unterstellt haben: ein einsamer Sektierer, zu Lebzeiten unbeliebt und ungelesen und nach seinem Tod eines Ansehens teilhaftig, das sowohl auf Seiten der westlichen Arbeiterbewegung wie auch bei den russischen Revolutionären viel mit taktischer Opportunität und wenig mit der Substanz seines Werkes zu tun hatte. Er blieb auch später weitgehend ungelesen. Bürgerliche Wissenschaftler wie Joseph Schumpeter, Werner Sombart und Ferdinand Tönnies ließen sich von seinem Werk beeindrucken und anerkannten sein Format. Aber die Köpfe der Arbeiterbewegung, die seine Gedanken hätten aufnehmen und fortführen sollen, denen fehlten Vorbildung, Interesse und Zeit für eine ausführliche Befassung mit Marx. Die Berufung auf ihn war ihnen wichtiger – sie setzte eine wirkliche Kenntnis nicht voraus. Das Renommee, das Marx posthum unter den unabhängigen Köpfen seiner wissenschaftlichen Kollegen gewann, litt durch die politischen Unruhen, durch die Klassenkämpfe, in denen sein Name für die proletarische Partei stand, durch Krieg, Bürgerkrieg und Stalinismus. Die Firma Marx war für das bürgerliche Westeuropa schon lange keine Empfehlung mehr, als schließlich die Nazis sie verboten und verbrannten. Die wenigen Marxisten, die Marx wirklich kannten und seine Ideen unter den propagandistischen Entstellungen wieder hätten hervorholen können, wurden ins Exil oder zum Schweigen gezwungen, und diejenigen, die mit seinem Namen Politik machten, hatten von ihm keine Ahnung. So kam es, daß Marx, heute einer der meistgenannten Autoren des 19. Jahrhunderts, ein Unbekannter geblieben und unser fiktiver Professor Y gar nicht so weit hergeholt ist. Die Studentenbewegung der 60er Jahre hat Marx wieder rezipiert und eine neue Debatte um sein Werk entfacht. Aber auch hier geriet seine Botschaft unter die Räder fraktioneller Zwistigkeiten. Doktrinäre Exegese erstickte den Versuch, das 20. Jahrhundert im Licht der Theorie von Marx zu betrachten, und die breitere Öffentlichkeit identifizierte ihn störrisch mit der Gegenpartei im Kalten Krieg. So blieb eine zeitgenössische Neuinterpretation im Ansatz stecken.

Strukturanalyse von unverbrauchter Überzeugungskraft

Jetzt, wo der Einfluß des dogmatischen Marxismus schwindet, ja wo die staatlich bestellten und bezahlten Exegeten sich der Gehirnwäsche, die sie mit unschuldigen Schülern und Studenten trieben, redlich schämen, ist die Stunde gekommen, Marx' Werk ohne politische Berechnung, dafür mit historischem und sachlichem Interesse neu zu sichten. Ein Schatz ist zu heben – an philosophiegeschichtlichen Kommentaren, heuristisch fruchtbaren Methoden, zeitgeschichtlichen Untersuchungen, sozialkritischen Skizzen, politisch-spekulativen Entwürfen und wirtschaftstheoretischen Konstruktionen. Es ist ein enormer analytischer Scharfsinn zu bewundern, empirische Detailbesessenheit, historisches Wissen, theoretisches Genie, kritische Schlagfertigkeit und stilistische Meisterschaft. Wird Marx erst von der absurden Unterstellung erlöst, er sei ein *Prophet* gewesen – der alles habe kommen sehen, sagen die einen; der sich furchtbar geirrt habe, sagen die anderen –, kann man ihn auch wieder ernstnehmen. Fällt das Vorurteil, er sei »zu schwierig«, kann man ihn sogar wieder lesen! Selbst sein »Kapital«, von Schülern wie Gegnern als apokryphes und schlechthin unlesbares Meisterwerk verschrien, ist just wegen seiner tüftelnd-schrittweisen Entwicklung des Arguments nach Art eines gelungenen Mathe-Lehrbuchs idiotensicher. Jeder versteht es, der sich die Zeit nimmt, es Wort für Wort zu lesen. Es wäre umgekehrt ein Kunststück, Marx, diesen Genauigkeitsfetischisten, der alles – in wechselnden Formulierungen, versteht sich – dreimal sagt und dann noch mit einer epischen Miniatur illustriert, nicht zu verstehen. Wer immer sich dazu entschließt, ihm Lese-Muße zu opfern, wird nicht enttäuscht werden. Marx hat zu erklären, zu berichten und zu fluchen, und er lehrt immer noch, wie man studiert, denkt und schreibt.

Aber lohnt er sich abgesehen davon? Bringt »unbefangene« Marx-Lektüre heute *mehr* als einen gewissen Aufschluß über Denkstile und politische Prätentionen der allmählich sich herausbildenden Linken in Europa? Was bleibt von Marx, wenn man ihn aus der Propheten-Pflicht nimmt und ihm dieselbe Gerechtigkeit widerfahren läßt, die jedem Autor einer versunkenen Epoche gebührt, ihn also *immanent* betrachtet, d. h. ihn in aller Vorsicht und im Wissen um die eingebauten Schranken eines solchen Unternehmens, *historisiert?* Heute Marx zur Lektüre zu empfehlen – das muß mehr versprechen als eine Rehabilitation des mißbrauchten Denkers oder neues Licht auf die zweite Hälfte des 19. Jahrhunderts. Es muß weiterhelfen und anstoßen auch bei dem Unterfangen, die heutigen Zustände der kapitalistischen Zentren in ihrer politischen Lebenskraft und in ihrer apokalyptischen Furcht, in ihrer ökonomischen Blüte und ihrer ökologischen Fäulnis, in ihrem stolzen Reichtum und in ihrer verschämten Armut, in ihren sozialen Ausdifferenzierungs- *und* Nivellierungstendenzen besser zu verstehen. Hierfür ist Marx, behaupten wir, immer noch fruchtbar. Der amerikanische Prof. Y schreibt in seinem Vorwort: »Obwohl die Leitbegriffe seines (Marxens) Œuvres: ›Geschichtsprozeß‹, ›Revolution‹, ›Aufhebung der Selbstentfremdung‹ und ›historisches Gesetz‹ aus der philosophischen Debatte seiner Zeit zu begreifen und zu interpretieren sind und in unsere Epoche weder als geschichtliche Diagnose noch als Handlungsanweisung mehr hineinpassen, liefert Karl Marx gleichwohl in dem eigentlichen Corpus seines Werkes, der Untersuchung des Kapitals, oder, wie er es nennt, der ›Anatomie der bürgerlichen Gesellschaft‹, eine Strukturanalyse von unverbrauchter argumentativer Überzeugungskraft, logischer Stringenz und überraschender Bilderfülle. Seine Darlegung des kapitalistischen Produktionsverhältnisses als eines funktionellen Antagonismus ist immer noch geeignet, vor einem naiven Frieden mit den kapitalistischen Verhältnissen zu warnen und das Bewußtsein für die Unabdingbarkeit politischer Wachsamkeit zu schärfen.«

Das ist nach Professorenart ein bißchen geschwollen ausgedrückt, aber was den sachlichen Kern betrifft, so können wir zustimmen. Es wäre erfreulich, wenn Marx ganz und gar »unrecht« hätte, wie nicht nur seine Gegner, sondern auch viele Kenner und manche Bewunderer gern resümieren. Wir hätten es dann wohl leichter mit einer Reform des Kapitalismus und einer Milderung der fatalen Konsequenzen dieser Produktionsweise: der stets erneuerten Hervorbringung scharfer sozialer Ungleichheit, der mangelhaften Möglichkeit, sozial unverträgliches einzelwirtschaftliches Handeln zu unterbinden und dem andauernden gefährlichen Gefälle zwischen Zentren und Dritter Welt. Daß Marx diese Probleme herausgearbeitet hat − wenn auch seine Lösung »philosophisch« geblieben, d. h. metaphysisch und letztlich falsch gewesen ist −, das sichert ihm bis heute Aktualität und ist wahrscheinlich der letzte Grund dafür, daß es um ihn, obwohl er weder massenhaft bekannt noch angemessen rezipiert wurde, doch nie still geworden ist.

Demokratie als legale Revolution

Bevor wir Prof. Y bitten, uns genauer darzulegen, warum er findet, daß seine Entdeckung auch der heutigen Zeit etwas mitzugeben habe, wollen wir Marx als »Kind seiner Zeit«, als Produkt und Reflex von Zuständen, gegen die er angekämpft hat, vorstellen. Wie war das mit der Revolution, der Kommunistischen Partei und der »Expropriation der Expropriateure«? War nicht Marx mit Terroristen im Bunde? Kann man den Verschwörer und Dunkelmann, der er auch gewesen ist, vom Wissenschaftler und Aufklärer trennen?

Man muß es nicht. Zu Marxens Zeit war jeder Mensch mit einem Herz im Leibe ein Verschwörer. Man vergegenwärtige sich die Zeit von Marxens Jugend, das Jahrzehnt vor 1848, man erinnere sich an die europäische Geschichte seiner Hauptwirkungszeit, der Jahrzehnte von 1848 bis 80. Die große französische Revolution lag, als Marx das »Kommunistische Manifest«

17

schrieb, nur wenig weiter zurück als heute der Beginn des Zweiten Weltkrieges. Der Umsturz hatte als Beschleuniger der trägen Geschichte sowohl den ersten und den zweiten Stand in Schrecken als auch die ungeduldige Intelligenz in Aufruhr versetzt: die Geschichte machte Sprünge – also mußte sie sich auf die Sprünge helfen lassen. Es war nur herauszufinden, in welche Richtung sie sich zu bewegen anschickte – und schon konnte man schieben. Man brauchte nicht zu warten, bis die Reaktion ihr letztes Unterdrückungsinstrument zurechtgeschliffen hatte.

»Die Revolution« lag während des ganzen 19. Jahrhunderts in der Luft Europas – und sie brach sogar einige Male aus. Allerdings dort nur schwach und kurz, wo man am meisten auf sie gerechnet hatte: in Deutschland. Die Enttäuschung der progressiven Intelligenz war maßlos. Zum Eingriff in den Lauf der Geschichte hatten sich die nach rückwärts orientierten Kräfte des alten Europa fähiger erwiesen als die bürgerlich-demokratischen Neuerer. Der Jahrhundertkonflikt zwischen Volkssouveränität und Monarchie entschied sich 1848 zugunsten der letzteren.

Marx war politischer Exilant, persona non grata in Preußen, ausgewiesen auch aus Paris und Brüssel, ein Paria in der Londoner Society, bettelarm, ohne Aussicht auf Karriere, Einkommen, Reputation. Er war ein lebendes Beispiel für die Roheit der vordemokratischen Regime in Europa, die ohne zu fackeln eine Existenz vernichteten, wenn die es an Botmäßigkeit fehlen ließ. Immerhin hatte Marx weder ein Attentat auf den preußischen König verübt noch eine Untergrundarmee zusammengestellt. Er hatte lediglich in einigen radikalen Blättern und im Rahmen eines einflußlosen Zirkels Propaganda für ein Reformprogramm gemacht, dessen Konsequenzen uns heute als blanke Selbstverständlichkeit erscheinen: deutsche Einheit, Republik, allgemeines Wahlrecht, kostenfreie Elementarerziehung und die Eisenbahnen in Staatshand. Man darf, wenn man den Revolutionär Marx als potentiellen Rechtsbrecher oder Volksverhetzer ins Visier nimmt, nie vergessen, daß er und seine gleichgesinnten Zeitgenossen eine parlamentarische Demokratie von uns heute vertrautem Zuschnitt nicht gekannt haben. Es gab kein allgemeines Wahlrecht, kein auf diesem Wege konstituiertes Parlament als oberstes Verfassungsorgan und keine Durchpolitisierung des Lebens im Sinne eines formellen gleichen Rechts für alle. Der Citoyen im praktischen Sinn als individuelles Rechtssubjekt war noch nicht ausgebildet. Während das Bürgertum auf politischen Einfluß drängte und die Vorläufer der linken Parteien das Recht auch der Mittellosen auf politische Repräsentanz in der Idee vorwegnahmen, bewahrte doch die Monarchie sehr weitgehend die Privilegien des Adels und der Besitzenden und schaltete frei mit ihren Machtmitteln: der Armee, der Polizei, der Steuerhoheit und dem Zugriff auf die Köpfe mittels Zensur und kirchlich gestützter Frömmelei. In Preußen herrschte das Dreiklassenwahlrecht bis 1918, im Deutschen Reich war der Reichskanzler dem Parlament nicht verantwortlich, und selbst in England blieb die Prärogative der Krone erhalten. Als politisch involvierter und gerecht denkender Mensch hätte man zu Marxens Zeiten das Temperament einer griechischen Landschildkröte gebraucht, um den Gedanken an eine Revolution *nicht* zu fassen. Wobei insbesondere an die *legale* Variante zu erinnern ist, die dem Begriff der Revolution damals innewohnte: daß das allgemeine Wahlrecht die große Masse der Kleinbauern, Kleinbürger und Lohnarbeiter zur politischen Herrschaft bringen und die Republik nebst Enteignung des Großgrundbesitzes und des großen Produktivvermögens per Gesetzgebung einführen werde: *das* war die Hoffnung der jungen Demokraten und der sogenannten Kommunisten, und es war die allenthalben zur reaktionären Prävention antreibende Befürchtung der alten Mächte. Auch Karl Marx hat es für möglich und wünschenswert gehalten, daß die europäische Revolution in dieser Weise zivil und legal vor sich gehe, und politisch fortgeschrittene Länder wie die Schweiz, Holland und Amerika als dazu in der Lage angesehen.

Marxens politische Vorstellungen, die, wenn nicht ohnehin der reinen Tagesaktualität verpflichtet, kursorisch und interpretationsfähig, häufig mehrdeutig und schwärmerisch geblieben sind, bedürfen der historisierenden Einordnung besonders nötig, da eine Herauslösung aus dem Kontext sie leer und vage und auch aufgrund ihres Pathos für beliebige Deutungen geeignet macht. Seine vielzitierten Sätze über die Pariser Kommune, »die endlich entdeckte politische Form, unter der die ökonomische Befreiung der Arbeit sich vollzieht«, konnten nur deshalb als Legitimation für eine Einparteiendiktatur mißbraucht werden, weil die Redlichkeit der historischen Zuordnung von Lenin und Nachfolgern suspendiert worden war. Die verfängliche Formulierung von der »Diktatur des Proletariats« sollte eine Spielart demokratischer *Mehrheits*regierung bezeichnen, die sich über das Interesse der Minderheit hinwegsetzt – ganz so wie es nach Marx' Meinung zu seiner Zeit etliche »Diktaturen der Bourgeoisie« mit dem Interesse der Mehrheit gemacht hatten. Seine

»Diktatur« ist gerade keine nicht-legitimierte Regierung, sondern das Produkt einer innerhalb der demokratischen Verfassung möglichen legalen Umwälzung.

Als politischer Denker findet sich Marx trotz allem zeitweiligen Liebäugeln mit dem Regelverstoß, der Sektiererei und der revolutionären Gewalt immer auf der Seite der radikalen Demokratie. Außerhalb von Massenbewegungen, die wirklich die Sympathie und Unterstützung breiter Mehrheiten auf ihrer Seite wissen, gibt es in seinem Denken weder Revolution noch Volkssouveränität – und beides konnte zu seiner Zeit füreinander einstehen.

Unter »Partei« verstand Marx die proletarische Klassenbewegung in ihrer Perspektive – nachdem sie zur Mehrheit angewachsen sein würde. Die Bemühungen der KPdSU und der SED, die ›Partei Marx‹, welche nichts anderes war als eine Strömung innerhalb des Spektrums wenig einflußreicher radikaler Gruppierungen im nachmaligen linken Lager Europas, zu ihrem unmittelbaren Vorläufer zu stilisieren, waren so dreist wie dumm. Marx haßte die Stammtischpolitik kleiner proletarischer Napoleons und hätte einen Putsch auch zum Zwecke der Durchsetzung seines eigenen Programms nie akzeptiert. Denn die historischen Kräfte, auf die er baute und für die er arbeitete, sollten als wirkliche Menschen vorhanden und als Mehrheit mit legitimer Macht versehen sein. Schließlich bezweckte sein Programm nichts weniger als die »Verwirklichung der Philosophie«.

Der Riß im Fundament

Während der Studentenbewegung der 60er Jahre wurde wiederholt Klage darüber geführt, daß Marx es versäumt habe, eine »Staatstheorie« auszuarbeiten; was man schließlich dafür nahm, eine Kompilation von zu ganz verschiedenen Anlässen getanen Äußerungen und Untersuchungen, litt unter jener Deutungselastizität, die bei den meisten politischen Schriften von Marx die Rücksicht auf den Kontext unabdingbar macht. Wer eine Staatstheorie bei Marx vermißt, hat nicht verstanden, worauf es ihm ankam. Zwar taucht das Thema ›Staat‹ in seinen Arbeitsplänen auf, aber daß es zu einer Ausarbeitung nicht kam, ist kein Zufall. Marx hat als »Staatstheoretiker« das avancierte liberale und sogar einiges anarchistische Erbe in sich aufgenommen; ihm ging es darum, daß der »wirkliche individuelle

Mensch den abstrakten Staatsbürger in sich zurücknimmt«, daß die Gesellschaft ihre Verdoppelung in Gesellschaft und Staat überwindet und das einzelne Individuum unmittelbar zugleich »Gemeinwesen« wird. Für einen Staat, für jede Art von Herrschaftsausübung gäbe es in einer solchen »Assoziation freier Individuen« weder Bedarf noch Platz.

Dieser der Form nach Hegel'sche und dem Inhalt nach Rousseau'sche Gedanke ist Marx' Ausgangspunkt, auf ihn kommt er immer wieder zurück. So wie er Feuerbachs Religionskritik für sich fortsetzt, indem er danach fragt, *warum* der Mensch sich ein »selbständiges Reich in den Wolken fixiert« und zur Antwort gibt: weil das irdische Reich in sich zerrissen, weil der Mensch mit sich uneins ist, so stellt er sich gegen Hegel, indem er den Weltgeist als Motor der historischen Entwicklung zugunsten der arbeitenden Menschen entthront. Auch die List der Vernunft kann den Zwiespalt zwischen dem egoistischen Privatier und dem Citoyen in seiner »politischen Löwenhaut« nicht aufheben – aber das Proletariat ist dazu in der Lage. Es verkörpert die allgemeinen Interessen, indem es keine besonderen mehr geltend macht, und ist auf diese Weise befähigt, »die Philosophie aufzuheben«, indem es sie verwirklicht, das heißt: die Versprechungen *einlöst*, welche die Philosophie nur vindiziert.

Was immer man von diesem Chiliasmus halten mag – er ist, zu Recht, als weltliche Erlösungsidee eingestuft worden –, eins zeigt er sehr gut: daß Marx kein Staatstheoretiker sein konnte, daß für ihn das politische ebenso wie das religiöse Leben keine eigenen Wurzeln hatte und sich in Dunst auflösen müßte, nachdem die Gesellschaft reif dafür geworden wäre, die Bedürfnisse, welche die Kirchen gestillt, und die Funktionen, welche der Staat erfüllt hätte, selbst, unmittelbar und ohne Verblödung der Schäfchen und ohne Unterdrückung der Untertanen, zu befriedigen und wahrzunehmen. Die anarchistische Idee von einem staatsfreien Zusammenleben lag Marx nahe, und die liberale Polemik gegen den »Schmarotzerauswuchs« Staat, der sich am Leib der Nation vergeht, hat er oft und gern wiederholt. Ebensowenig wie man sich Marx als in der Religionskritik aufgehend vorstellen mag, da er dieses Kapitel im Buch der menschlichen Verirrungen für abgeschlossen hielt, sollte man aus ihm einen Staatsdenker machen wollen: die »Maschine der Klassenherrschaft« – in der Hand welcher Klasse auch immer – sah er am liebsten »im Museum der Altertümer, neben dem Spinnrad und der bronzenen Axt« (Friedrich Engels).

Was Marx interessierte, war das *Fundament* all der spirituellen Gewalten, an denen sich die Philosophen seiner Zeit abgearbeitet hatten: des absoluten Geistes, der Religion, des Staates. Er entdeckte dieses Fundament in der »bürgerlichen Gesellschaft« und fand in dieser den Grund für das Eigenleben von Geist, Religion und Staat. Die Gesellschaft selbst war zerrissen und brauchte deshalb transzendente Instanzen, die den Riß zu heilen, über ihn hinwegzutrösten oder ihn zu verwalten hatten. Erlöst werden könne das in sich gespaltene Fundament, der sich selbst durch das Produkt seiner eigenen Arbeit »entfremdete« Mensch, nur durch eine Revolutionierung der Gesellschaft: durch eine endliche Einlösung des Gleichheitsversprechens mittels Aufhebung des Klassenwiderstreits.

Eine Religionskritik also, die das irdische Elend bestehen ließe und nur von den Elenden verlangte, daß sie sich ihre Jenseitsgrillen aus dem Kopfe schlügen, hielt Marx für genauso fruchtlos wie eine Propaganda gegen die Staatlichkeit ohne Revolutionierung des gesellschaftlichen Fundaments, auf dem der Staat ruhe und von dem er zehre, d. h. ohne die Errichtung von Zuständen, die keinen Staat mehr nötig hätten. Als *Rückführer* der ideal-, religions- und staatsphilosophischen Kontroversen seiner Zeit auf das »Fundament« Gesellschaft, auf die wirklichen Menschen und die »unter unseren Augen« sich abspielenden sozialen Kämpfe, war Marx ein konsequenter Anti-Metaphysiker und ein von den »positiven« Erfahrungswissenschaften geleiteter materialistischer Geschichtsphilosoph. Gefangen aber von den spekulativen Verführungen eben der Philosophien, mit denen er sich kritisch herumschlug, wurde und blieb er auch ein messianischer Idealist. Seine Geschichtsvorstellung endete in dem Tableau der staatsfreien klassenlosen Gesellschaft, die sozialen Kämpfe sollten für immer ein Ende finden und das Proletariat als weltlicher Heiland den Rettungsakt vollziehen. Dieses Bild ist allzu paradiesisch, als daß es seine religiöse Herkunft nicht verriete. Dennoch ist die Frage der diesseitigen Machteroberung aufgeworfen, und so gibt es kein gesichertes Zurück mehr in die »Nebelregion der religiösen Welt«. Die menschliche Subjektivität ist, als kollektive, vor eine Aufgabe gestellt: zu *handeln* nach Maßgabe ihrer vernünftigen Einsicht.

Prof. Y formuliert es folgendermaßen: »Der Gedanke, daß es die arbeitenden Menschen seien, die die Geschichte machen, war zu Zeiten von Karl Marx nicht ohne eine gewisse Kühnheit. Zu übermächtig erschienen die weltlichen Gewalten, zu fest verankert die religiösen Überzeugungen und zu mächtig die Ge-

genbeweise in Gestalt niedergeschlagener Revolutionen. Wenn auch die Marx'sche Geschichtstheorie weit in Vergangenheit und Zukunft ausgreift und dem in der Gegenwart z. B. des Jahres 1867 lebenden Baumwollspinner nicht zusichern kann, daß er den Morgen der Freiheit erleben werde, so schließt sie doch ein solches Versprechen auch nicht aus. Marx verweilt lange und eindringlich bei den ›vorgefundenen Bedingungen‹, unter denen die Menschen ihre Geschichte machen: sie sind Produkte ihrer Vergangenheit. Zugleich aber sind sie die Schmiede ihrer Zukunft. Der Aufruf zum Eingriff, zur Tat, zur Praxis, der gleichwohl die Bedingtheit alles Handelns nicht verkennt und die Bedingungen selbst möglichst genau zu untersuchen strebt – der macht Marx zu einem verführerischen Agitator. Wäre er ein guter Redner gewesen oder wäre sein Werk nicht so vollständig in Vergessenheit geraten – wer weiß, wozu es sich hätte mißbrauchen lassen. Als deutscher Philosoph teilt Marx die Tendenz zur Totalität und zur Pedanterie. Aber er ist niemals trocken und stubengelehrt. Er ist ein Einheizer. Sein ganzes umfangreiches theoretisches Werk ist der *Tat* gewidmet.«

Amerikaner neigen dazu, in den europäischen Geist, insbesondere den deutschen, alles mögliche hineinzugeheimnissen. Bevor wir Prof. Y noch einmal in Begeisterung geraten lassen, versuchen wir Marx nüchtern in den Grenzen von 1883 zu sehen.

Die Unerbittlichkeit des Gesetzes

Er ist als spekulativer Denker in Kategorien von Erlösung, bzw.: »Zurücknahme« (der religiösen, der politischen Sphäre in die Gesellschaft) altmodisch und praktisch widerlegt, als Modelltheoretiker und prognosefähiger Empiriker seiner Zeit voraus. Dies würdigt Claude Lévi-Strauss, indem er Marx das Verdienst zuschreibt, die moderne theoretische Modellkonstruktion erfunden zu haben: »Ein Werk wie ›Das Kapital‹ mit seinem Reichtum und seinen Komplikationen ist letztlich die Laborkonstruktion eines Modells der kapitalistischen Gesellschaft. Marx hat das Modell funktionstüchtig gemacht und die Beobachtungen, die er an ihm anstellen konnte, mit der empirischen Wirklichkeit verglichen.« Zugleich aber färbt die noch virulente Idee des Absoluten auf Marx' empirisch gestützte Theorie ab und gibt sogar seinen tagesjournalistischen Einlassungen bisweilen einen missionarischen Oberton. Es findet sich manches in seinem Werk, was nicht recht ineinanderpaßt. So zeigt uns die Lektüre immer wieder einen Gelehrten, der die Spekulation verachtet und dem hieb- und stichfesten Beweis einen fast schon irritierenden Rang in der Hierarchie wissenschaftlicher Mittel zumißt – dabei dann aber seine eigene Zukunftsvision mit einem Beweis verwechselt. Er hätte gern eine »Logik« geschrieben – das und nicht eine Staatstheorie sieht er selbst als Loch in seinem Lebenswerk. Die Analogien zur Naturgesetzlichkeit sind in seinen Schriften Legion – von der Biene, die hinter dem menschlichen Baumeister zurückbleibe, weil sie ihre Wabe gleich in Wachs baue statt zuvor im Geiste, bis zu dem Chemiker, dem es bis heute nicht gelungen sei, den Tauschwert in einer Perle zu entdecken. Marx wollte sein »Kapital« Charles Darwin widmen, weil er in dessen Arbeiten Analogien zu seinen eigenen vorfand – aber der Kollege hatte keine Lust, sich der »Partei Marx« zuordnen zu lassen. Der Gesetzesbegriff, den Marx verwendet, ist naturwissenschaftlich beeinflußt und soll die Unentrinnbarkeit betonen, mit der gesellschaftliche Zwänge sich vollziehen: daß z.B. die durchschnittlich notwendige Arbeitszeit letztlich die Austauschverhältnisse der Waren regele, das, so Marx, verdanke sich einem *Gesetz*, welches mit derselben Unerbittlichkeit walte »wie das Gesetz der Schwere, wenn einem das Haus über dem Kopf zusammenpurzelt«. Mit dem »Gesetz« fuchtelt Marx immer dann herum, wenn er sich gegen vage, weiche, halbe Weisheiten insbesondere aus der Ökonomen-Zunft absetzen und wenn er politische Schwärmer und Systemerfinder von ihren Flausen heilen will. Alle Veränderungen, auch die revolutionären, können nur aus dem Bestehenden hervorgehen, sie haben sich also um die Gesetzmäßigkeiten zu kümmern, nach denen die »wirkliche Bewegung« (der Geschichte, der Klassen, des Kapitals) funktioniert – sonst bleiben sie ein leerer Wahn. Wer die Gegenwart ändern will, muß *wissen*, was in ihr vorgeht, muß das Gesetz kennen, unter dem sie angetreten ist – nur dann kann er eingreifen. Marx hat mit seinem »Kapital« eine solche mittelbare Handlungsanweisung geben wollen: hier habt ihr die Anatomie der bürgerlichen Gesellschaft, das Resultat einer dreißig Jahre langen Arbeit. Und jetzt setzt das Skalpell an der richtigen Stelle an!

Obwohl Marxens Gesetzes-Vorstellung die Naturanalogie vorwiegend zur Veranschaulichung benutzt und seine ökonomischen Gesetze, anders als die Gravitationskraft, durchaus und vor allem historisch verstanden wissen wollte, bleibt doch ein fataler Rest von Determinismus an den Ergebnissen seiner Analyse haften, sofern sie zu »Gesetzen« kristallisieren: so trauten seine politischen Erben dem »tendenziellen Fall der Profitrate«, der ja mit der eisernen Konsequenz eines Gesetzes wirken sollte, zu, den Zusammenbruch des Kapitalismus ganz alleine zu besorgen – ohne Umsturz oder geduldigere politische Prozesse. Es gibt genügend Belege dafür, daß Marx von revolutionärer Entschlossenheit, d. h. von dem Mut, einzugreifen und die Geschichte anzuschieben, viel gehalten hat – es mußte aber auch wirklich die Geschichte bzw. die wirkliche Geschichte sein, die da zum Sprung gezwungen wurde. Seine Abneigung gegen großmannssüchtige Hinterzimmer-Konspirationen und seine Sorge darum, daß Wagnis und Kampf verfrüht, verfehlt, umsonst sein könnten, ließen ihn der »objektiven Tendenz«, dem historischen Wind im Rücken der Revolution, eben den »Gesetzmäßigkeiten«, nach denen eine Gesellschaftsformation, eine Produktionsweise oder eine Klasse sich entwickele, diese große Bedeutung beimessen. Marx wollte die Politik des vierten Standes so unwiderleglich begründen und vorzeichnen, daß aus dessen Siegesgewißheit ein zusätzlicher Motor der erwarteten Revolution entstünde und zugleich die vergeblichen Taktiken weniger »wissenschaftlich« aufgeklärter Schwarmgeister wie Proudhon, Lassalle oder Bakunin chancenlos zusammenbrächen. Er wollte es richtig machen, gründlich und ein für allemal.

Dabei half ihm der naturwissenschaftliche Gesetzesbegriff, der keinen Einwand zuließ. Aber es wäre zu einfach, Marx als Deterministen an seiner Gesetzes-Treue aufzuknüpfen – das haben seine Gegner zur Genüge versucht. Man muß sich ein weiteres Mal das geistige Klima seiner Zeit vergegenwärtigen. Die modernen Naturwissenschaften entpuppten sich eben erst als die großen Entzauberer, welche die Geheimnisse aller Lebensfunktionen endgültig der Zuständigkeit von Magie und Glauben zu entreißen versprachen. Als Aufklärer verbündeten sich Biologie, Physik, Chemie mit der modernen Technik, die ihrerseits als zentrale Produktivkraft in das Ensemble der kapitalistischen Fortschrittskräfte eintrat. Darwin, Liebig und die Vorläufer Edisons bewunderte Marx weit mehr als Proudhon, Lassalle und Bakunin. Glasklare Aussagen zu machen über die Verhältnisse von Arten, Elementen und Naturkräften, ihre Reaktionen mittels Gesetzen zu beschreiben und vorherzusehen – was war das für eine nützliche und fruchtbringende Tätigkeit im Vergleich zu der luxuriösen Prätention, vom Schreibtisch oder Versammlungslokal aus die Welt verbessern zu wollen. Marx hat sich nie damit abfinden können, daß ihm im Grunde viel mehr auch nicht zu tun übrig blieb. Er wollte weitergehen und den archimedischen Punkt finden, von dem aus die Welt aus den Angeln zu heben wäre – und zwar mit ähnlich mathematisch-gewissen Methoden, wie sie ihn an der naturwissenschaftlichen Forschung faszinierten. Diese modern-szientifische Auffassung von Gesellschaftsanalyse setzt ihn in scharfen Gegensatz zu den nachmaligen Marxisten – seine Eschatologie andererseits, das Tableau von der befreiten Gesellschaft, das der Bezug für alle seine analytischen Anstrengungen blieb, sowie seine Parteilichkeit – beides trennt ihn dann wieder von der empirisch-positivistischen Soziologie, wie sie heute vorherrscht. Sein historisch erklärbarer Glaube an das soziologische »Gesetz« weist ihn als Denker des 19. Jahrhunderts aus, seine analytische Gründlichkeit und seine modelltheoretische Genialität ließen ihn Einsichten zutage fördern, die seiner Zeit vorgriffen. Man kann ihn nicht auf einen Nenner bringen. Er ist, wie große Geister wohl meist, in mehreren Jahrhunderten zuhause.

Wahrheitsanspruch und Parteilichkeit

Es war eben schon von ihr die Rede – von Karl Marx' Parteilichkeit, die ihn den Soziologieprofessoren, politikwissenschaftlichen Forschern und Wirtschaftstheoretikern unseres Jahrhunderts suspekt gemacht hat. Wie kann man die Wahrheit finden, wenn man sich so entschieden auf *eine* Seite stellt? Marx hätte geantwortet: man kann sie nur so finden. Für ihn war jeder Standpunkt unter, über oder neben den Klassen ein apologetischer; nur aus der Position der modernen, eben sich formierenden unterdrückten Klasse, des Proletariats, war für Marx mit der »Kritik alles Bestehenden« zugleich auch die Umrißzeichnung des Neuen zu leisten. So fallen Wahrheitsanspruch und Parteilichkeit für ihn in eins – während eine über die realen Zwistigkeiten erhabene Objektivität immer die vorfindliche Machtverteilung abstützen müsse, insofern selbst vom »interessierten Vorurteil« mißgeleitet, wenn nicht gar bestochen wäre durch Prämien, welche Herrschaft ihren Lobrednern zuteilt. Qua Wissenschaftler sah sich Marx als Parteigänger *geschichtlicher Tendenzen*; daß er sich als gerecht denkender Zeitgenosse von der Lage der labouring poor berühren und von empörenden sozialen Zuständen insbesondere in Ländern mit starken absolutistischen »Resten« wie Preußen und Rußland aufregen ließ – das verstand sich, sollte aber sein Werk nicht affizieren. Marx hat als sozusagen historischer Schattenkabinettspolitiker gemeinsam mit seinem Freund Engels ganze Serien blutiger Kriege und wüster Feldzüge am grünen Tisch und in den Zeitungsspalten geführt – alles um die Arbeiterklasse vom Joch des Kapitals und Europa vom Einfluß des Zarismus zu befreien; er war kein Träumer und hat gewußt, daß der geschichtliche Fortschritt, in dessen Tradition er sich sah, Opfer forderte, auch Menschenopfer, auch massenhafte. Er hat das konstatiert – und keineswegs einkalkuliert, wie das die Kritik von rechts, die ihm den Stalinismus in die Schuhe schieben will, behauptet. Seine Theorie sollte sogar einen unmittelbar lebensrettenden Gebrauchswert für kommende Generationen haben, insofern sie geeignet schien, die »Geburtswehen« der neuen Gesellschaft, mit der die alte schwanger ginge, »abzukürzen«.

Parteilichkeit für die Geschichte – diese Akzentuierung gibt Marxens Theorie ein dynamisches Element bei: sie will, indem sie sagt, was ist, zugleich sagen, was sein könnte, will, indem sie kritisiert, die Keimform des Kommenden anzeigen. Alle seine Kategorien sind zugleich kritisch-verwerfende und utopisch-vorwegnehmende, sind Prozeßkategorien, die in ein und demselben Zugriff eine Bestandsaufnahme, eine kritische Bewertung und ein Zukunftsprojekt enthalten. Diese gleichsam in drei Dimensionen hineinzielende theoretische Bewegung, welche die Objektivität des Analytikers mit der Subjektivität des Kritikers und der Hellsicht des Prognostikers vereint, macht die suggestive Faszination der Marx'schen Theorie aus. Wer wirklich in sie eindringt, kann ihr nur schwer widerstehen, und darin liegt auch ein Einwand. Aber einer, der seine Schärfe verliert, wenn man die Sache historisch sieht. Zu Marx' Zeiten gab es sie noch, die »absolute Wahrheit«. Zwar bereiteten insbesondere die exakten Naturwissenschaften ihre Attacken auf sie vor – die Idee jedoch, die heute das wissenschaftliche Leben und den theoretischen Eifer beherrscht und zügelt: daß nur in der Konkurrenz der Entwürfe, in Dialog und Kritik eine Annäherung an ein angemessenes Verständnis der Wirklichkeit zu finden sei, dieser Relativismus lag dem 19. Jahrhundert fern. Wer zu Marxens Zeiten als Philosoph und Gelehrter auftrat, legte ein ›System‹ vor und sagte, wie es war, punktum. Wenn er recht hatte, konnte eine andere Schule, die das Gegenteil behauptete, nicht auf ihre Weise auch recht haben. Der Totalitarismus des Wahrheitsanspruchs erschwerte es, Details und Aspekte an wissenschaftlichen Aussagen zu »retten«, die man insgesamt nicht akzeptieren mochte, und umgekehrt in die Zustimmung Zweifel einzusenken. Eklektizismus galt als Armutszeugnis und gehörte sich nicht. Im Grunde mußte der Philosoph die Welt am Schreibtisch noch einmal erschaffen, alles, was darunter blieb, galt als unzureichend. Marx hat kein ›System‹ vorlegen, sondern die Wirklichkeit untersuchen und solche Schlußfolgerungen aus seinen Resultaten ziehen wollen, die der Praxis im Sinne des geschichtlichen Fortschritts nützen könnten – aber er kam doch vom Ideal der totalen Theorie, die auf jede Frage eine Antwort weiß, nicht los.

Wir heute sind sehr viel bescheidener geworden – und anspruchsloser. Wir trennen die Analyse von der Kritik und die Kritik von der Prognose und fühlen uns in dieser Arbeitsteilung vor den Versuchungen der Weltverbesserungsattitüde und den Gefahren der Parteilichkeit sicher. In dieser Sicherheit sind wir aber auch kleinformatiger und kraftloser. Marx hat noch alles alleine gemacht und im Britischen Museum handschriftlich und ohne computergestützte Modelle die Welt auseinandergenommen, durchkritisiert und neu aufgebaut, er hatte die Energie dazu. Das war vielleicht sein Unglück. Wir, die Nachgeborenen, scheuen das Risiko einer Großtheorie – nicht nur, weil wir den Mut nicht haben, sondern auch, weil wir wissen, daß wir überfordert wären. Das wissen wir aber (u. a.) dank Marx. Und trotzdem pumpen wir uns auf und räsonnieren darüber, wo seine Stärken, wo seine Schwächen lagen... Aber sei's drum. Schwach war Marx in der Kurzzeit-Prognose und in der Beurteilung politischer Prozesse, stark war er in der Kritik und in der Analyse – wobei der Druck, unter dem der Alleszugleichmacher stand, auch Analyse und Kritik nicht immer unbeeinträchtigt ließ und wobei das theoretische Genie der Langzeit-Prognose ein großes Stück bis heute aktueller Geltung mitgab.

Irrtümer und blinde Flecken

Daß Marx geirrt habe, ist ein Gemeinplatz – und ein ärgerlicher insoweit, als er die Propheten-Pose ernstnimmt, also den Mann da kritisiert, wo er am schwächsten war. Aber verweilen wir ruhig bei seinen Irrtümern. Er hat nicht vorausgesehen, daß die kapitalistische Gesellschaft, weit davon entfernt, sich in eine schmale Schicht von Kapitalisten und eine große Masse verelendender Lohnsklaven zu spalten und politisch zu polarisieren, eine reiche Vielfalt von Zwischenklassen und Subkulturen erzeugen und daß eine Integration sogar der (inzwischen zahlenmäßig schrumpfenden) Industriearbeiterschaft in das kapitalistische System, ihre Anpassung an die bürgerlichen Normen, gelingen würde. Trotzdem stimmt seine ökonomische Analyse, derzufolge wir es bei entwickelten kapitalistischen Gesellschaften mit einer kleinen Schicht von Aneignern und einer großen Masse von Mehrwerterzeugern zu tun haben. Und wenn man jetzt noch bedenkt, daß die Arbeiter Europas u. a. dank der Politik der sozialdemokratischen Parteien ihren Frieden mit dem Kapitalismus machen konnten, Parteien, deren Programme von Marxens Analyse mitbestimmt waren, so wird das gegen Marx so oft und gern geäußerte Verdikt »Irrtum« bezüglich seiner Sicht der sozialen Tendenzen doppelt fragwürdig. Resultate von Entwicklungen, die auf seinen Einfluß mit zurückgehen, gegen ihn selbst ins Feld führen – das ist schon logisch nicht einwandfrei. Bedenkt man, daß Marx ein *Freiheitskämpfer* war, für den die Demokratie noch zur Fürstenwillkür in Opposition stand, für den die Erkämpfung des allgemeinen Wahlrechts noch ein gleichsam revolutionärer Akt war, so läßt sich nicht einmal ausschließen, daß er mit der Strategie der »revisionistischen« Sozialdemokratie am Ende seinen Frieden hätte schließen können.

Man überschätzt gerne die doktrinäre Starrheit seiner theoretischen und politischen Positionen – und unterschätzt seine Bereitschaft, Meinungen zu überprüfen und zu ändern, die er sehr wohl besessen hat. Daß Marx nicht daran dachte, die Angestelltenkultur der zweiten Hälfte unseres Jahrhunderts theoretisch vorwegzunehmen, ist doch ein läßliches Versäumnis im Vergleich zu seiner großen Leistung: die Charakterisierung künftiger Epochen als solche der Verstädterung, der Technisierung und der Herstellung des Weltmarktes, ausgearbeitet erstmals in der Zeit des Biedermeier, als 75% aller Menschen auf dem Lande lebten und die romantischen Träume von einer Rückkehr aus der Fortschrittsfalle in idyllische Beschaulichkeit noch längst nicht ausgeträumt waren. Ja, selbst über den Bildern, welche *englische* Sozialisten von der besseren Zukunft malten, lagerte die Atmosphäre friedlicher Bukolik. Marx dagegen hat die Dissonanzen seiner Epoche *und* die der Zukunft akkurat vernommen: die Ungleichzeitigkeit von ökonomischem, technischem, wissenschaftlichem Fortschritt und zurückbleibenden Produktionsweisen, Herrschaftsformen, Mentalitäten, den »cultural and political lag« in einer Zeit des Umbruchs. Er wollte durch die Entbindung einer sozialistischen Demokratie aus dem revolutionären Akt Übereinstimmungen, Deckungen, Gleichzeitigkeiten erzeugen, und zwar für alle Zukunft. Daß Brüche, Unsicherheiten, Asynchronizität und krasse Ungleichheit weiterbestehen und sich über die Welt fortpflanzen und daß für ihre Balance die regulative Funktion von Wahlen, Parteienstreit, Tarifauseinandersetzungen, kurz: die politischen Diskurse unabdingbar sein würden – diese Vorstellung lag ihm fern. Um sie überhaupt zuzulassen, fehlte es ihm an Pragmatismus.

Zweiter Irrtum: daß der Mensch, dieser geborene Raffer und Neider, seine Ichsucht jemals zügeln und sich mit altruistischem Dienst am Gemeineigentum begnügen könnte. Enteignung des Produktivvermögens, Beschränkung des Erbrechts, Vergesellschaftung der Banken und Fabriken – diese Marx'sche Strategie gilt als auch praktisch durch den Zusammenbruch des realen Sozialismus widerlegt. Der Mensch brauche den Anreiz, für sich ganz individuell etwas anzuschaffen, und der innovative Unternehmer, von Marx meist höhnisch als Parasit abgefertigt, sei eben doch auf seine Art eine schöpferische Persönlichkeit. In der Tat. Der Privatkapitalismus steht als Wirtschaftsverfassung, die Wachstum und relativen Wohlstand mit pluralistischer Demokratie verbindet, konkurrenzlos da. Auch die verstocktesten Sozialisten kommen nicht an der Tatsache vorbei, daß die verstaatlichte Ökonomie gescheitert ist und ein nichtstaatlich-unbürokratisches Konzept für Gemeinwirtschaft fehlt. Es sei dennoch erlaubt, darauf hinzuweisen, daß Marx' Ideen auf die letztgenannte Variante hinausliefen und daß ein Staatskapitalismus nach Art des (ehemaligen) Ostblocks seinen utopischen Vorstellungen entgegengesetzt war. Man mag es ihm ankreiden, man mag es ihm zugutehalten: er hat sich inbezug auf seine Utopie nicht wirklich erklärt, er hat nur Andeutungen gemacht, nichts im Detail ausgeführt. »Das Fertigwerden für alle Zeiten« sollte seine Sache nicht sein, das Ausphantasieren von Idealzuständen war ihm ein Greuel. »Wenn wir nicht in der Gesellschaft, wie sie ist, die materiellen Produktionsbedingungen für eine klassenlose Gesellschaft verhüllt vorfänden, wären alle Sprengversuche Donquichoterie.« Reden wollte er nur über Greifbares, über Entwicklungen, die sich bereits abzeichneten, Tendenzen, die sich schon regten. Die kommunistische Zukunft, von der er dann doch gesprochen hat, glaubte er bereits wahrzunehmen: verpuppt in der gemeinschaftlichen Produktion der großen Industrie und in den Koalitionen der Arbeiter, in dem Antagonismus zwischen der gesellschaftlichen Produktivkraft des Kapitals und der beschränkten, privaten Verfügung. Der Mensch, der sich »sein Gattungswesen« angeeignet hat und aus der privat-egoistischen Larve herausgewachsen ist, war das Subjekt seiner Utopie. Eine solche Anthropologie erscheint heute illusionär. Ist sie es wirklich ganz und gar – und für alle Zeit? Vielleicht kommt das nächste Jahrtausend auf sie zurück.

Marx' bester Gegner aber war weder der bürgerliche Egoismus noch die reaktionäre Autokratie, sondern das kapitalistische *Privateigentum* als Produktionsverhältnis. Dieses Verhältnis, in seinem Ursprung Stachel der Produktion und des Reichtums, der Technik und der Kooperation, verwandelte sich in eine Fessel der Produktivkräfte, in ein Knechtungsinstrument des Arbeiters und Verderber der menschlichen Natur. Niemand hat so präzise, so konsequent und so gallig dargelegt wie Marx, was das kapitalistische Privateigentum anrichtet: von der Handelskrise über den Börsenkrach bis zur Ausplünderung der eh schon Besitzlosen und zur inneren Verrohung aller. Was einmal Sporn gewesen war, wurde jetzt Fessel der Produktivkräfte – der materiellen wie der geistigen –, und es erschien Marx legitim, den Fall dieser Fessel zu antizipieren.

Abzüglich einiger zeitbedingter Täuschungen – so war es angesichts des deprimierenden Elends unter der Fabrikarbeiterschaft schwer vorstellbar, daß ihre Lage sich innerhalb des kapitalistischen Systems entscheidend würde bessern können – ist die Marx'sche Begründung einer Kriegserklärung an das Kapital immer noch in Kraft. Nach wie vor erzeugt unsere Ökonomie mit dem Reichtum zugleich die Armut und mit dem Wachstum dessen Krisen, nach wie vor führt der Wahlspruch des einzelnen Kapitalisten: »Après moi le déluge«, bzw. die mangelnde Sozialverträglichkeit des privaten Produktiveigentums zu Katastrophen, nach wie vor mästet sich das Kapital an wehrlosen »Kolonien«. Zwar sind ihm seine Reißzähne gerichtet worden durch Sozialgesetzgebung und Verstaatlichung nichtmarktgängiger Produktionszweige – aber was ist das anderes als ein spätes Echo auf die Marx'sche Anklage? Wir haben noch keine Alternative, insofern hat Marx geirrt, denn er sah die »freie Assoziation« kommen. An seiner Diagnose aber stimmt der Kern.

Der dritte Irrtum, der Marx von den Hinterher-immer-Klügeren bescheinigt wird, ist, daß der Zusammenbruch des Kapitalismus, den er vorausgesagt habe, ausgeblieben sei. Man könnte einen Streit darüber vom Zaun brechen, was »Zusammenbruch« heißen solle und ob die Weltkriege so ganz ohne den ökonomischen Faktor zu begreifen seien. Aber räumen wir ein: der Kapitalismus funktioniert, und die Profitraten steigen. Allerdings sind Marxens Untersuchungen zu diesen Fragen so komplex und ausführlich, berücksichtigen sämtliche den »Fall der Profitrate« aufhaltenden Tendenzen so peinlich genau, daß man den Kritiker der politischen Ökonomie eigentlich nicht auf eine eindeutige Vorhersage festlegen kann. Der Analytiker ist dem Prognostiker nicht nur sachlich überlegen, er hat sich auch viel ausführlicher und genauer geäußert. Nochmal: Man muß einen Theoretiker, den man widerlegen will, da packen, wo er stark ist. Als Prophet hat Marx sich vergriffen, vor allem inbezug auf Zeithorizonte. Aber was macht das schon, wenn man die immer noch schlagende Wahrheit seiner kritischen Analyse dagegenhält?

Statt vom Irrtum, der übrigens auch nur menschlich wäre, scheint es uns passender, von »blinden Flecken« im Werk von Marx zu reden, und von mangelnder Bereitschaft, gewisse den eigenen Lieblingsideen zuwiderlaufende Erscheinungen zur Kenntnis zu nehmen. Wahrscheinlich gehört ein Stück Monomanie zum großen Denker dazu. Ein blinder Fleck in Marx' Werk ist die heroische Gemeinschaftsidee und die durch sie verdeckte Welt des Politischen. Wir sprachen schon davon, daß Marx kein »Staatsdenker« war – man muß weitergehen und so zuspitzen: er hat ein Existenzrecht des Politischen als eine menschliche Aktionssphäre sui generis nicht anerkannt, er hat sich nicht mit dem Gedanken befassen mögen, ob es am Ende eine überzeitliche Notwendigkeit geben könne, in einer Gesellschaft Konflikte zu regeln und dieser Regelung ein eigenes Austragungsfeld zuzubilligen. Marxens »befreite« Sozietät ist homogen und mit sich im reinen – doch selbst wenn man unterstellt, daß Klassenkämpfe aufhören, weil das Gemeineigentum den fundamentalen sozialen Gegensatz aufhebt, so dürften doch immer noch unterschiedliche Interessen in einer Gesellschaft übrig bleiben, deren Balance eine öffentliche Bühne braucht. Solche Fragen haben Marx nicht interessiert. Für ihn war die politische Sphäre ein zum Untergang bestimmtes Entfremdungstheater, das die Gesellschaft sich vorspielen muß, solange sie in sich zerrissen ist – ganz wie sie die Religion braucht, solange sie noch nicht begriffen hat, daß die Wurzel für den Menschen der Mensch ist. Verbunden mit der sozialistischen Utopie wurde dann der »blinde Fleck« zum Einfallstor für ideologische Funktionalisierung, die »Revolution« zur »black box« des befreienden Umschwungs, und die Theorie zur Beute legitimationshungriger Diktatoren. Das soll nicht heißen, daß Marx verantwortlich gewesen wäre für den realen Stalinismus, es soll nur erklären, warum er bzw. seine »Lehre« sich für fremde Ziele funktionalisieren ließen. In Marx' Schriften findet sich nirgendwo der Hauch einer Rechtfertigung für das Walten von Diktatoren, stattdessen die Überzeugung, daß staatliche Politik immer unterdrückerisch sei, daß politische Organe in die Gesellschaft »zurückgenommen« werden müßten und daß das von selbst geschehen werde, sobald eine Gesellschaft ökonomisch dafür reif sei. Diese Idee ist so verwegen und wirklichkeitsfremd, daß sich mit ihr sogar eine Diktatur (Stichwort: »Übergang«) rechtfertigen ließ. Marx war von der Historizität politischen Handelns überzeugt. Das einzig reelle, zukunftsträchtige, lebendige Objekt seiner Neugier war für den Materialisten die »bürgerliche Gesellschaft«, d. h. das Gewimmel der vorderhand noch privat wirtschaftenden Individuen. Ihnen widmete er sein Lebenswerk.

Kritiker mit Röntgenblick

»Liest man ›Das Kapital‹ vor dem Hintergrund der im 19. Jahrhundert noch vielfach fortschrittsfeindlichen und romantischen Stimmung unter den Gesellschaftskritikern«, schreibt Professor Y in seiner Einleitung, »so erschrickt man fast angesichts der Rücksichtslosigkeit, mit der Karl Marx seine Analyse durchführt. Was er liefern wolle, sei, sagt er selbst, die ›Anatomie der bürgerlichen Gesellschaft‹, und in der Tat hat dieser Mann ein Messer als Verstand. Die kapitalistische Marktökonomie, so weist er nach, tendiert nicht, wie viele seiner Fachkollegen vorrechnen zu können glaubten, zum Gleichgewichtszustand auf den Märkten, sondern sie ist im Gegenteil instabil, indem sie periodisch charakteristische Zyklen mit Phasen der allmählichen Erhitzung, des Umschlags, der Stockung und Depression durchläuft, wobei am Ende sowohl ein Teil des Kapitals entwertet auf der Strecke bleibt als auch ein Teil der Arbeitenden ›freigesetzt‹ wird. Nach einer solchen ›Reinigungskrise‹, welche die Faktorpreise nach unten korrigiert, kann ein neuer Zyklus anheben. Gewinner sind die großen Kapitalisten, während der Mittelstand und die Arbeiter die Zeche bezahlen. So kommt es zu einer Konzentration von Kapitalien, und zu einer Vergrößerung der Kluft zwischen Arm und Reich. Ferner wies Marx

nach, daß der kapitalistischen Wirtschaft ein Zwang zum Wachstum innewohnt, daß das Kapital nur fortexistieren kann, wenn es sich beständig auf größerer Stufenleiter reproduziert. Man findet viele der uns noch heute am wirtschaftlichen Leben irritierenden und ängstigenden Phänomene triftig beschrieben und begründet und fragt sich auch, ob spätere Ungleichgewichtstheoretiker wie z. B. J. M. Keynes, nicht doch von dem vergessenen Gelehrten etwas gewußt haben müssen.«
Soweit Prof. Y aus Massachusetts.

Wir sagten schon, daß wir ihm beipflichten, wir erwähnen noch die Schuldenkrise und das ökologische Desaster, die beide nicht zu trennen sind von der privaten Verfügung über die Produktionsmittel, und bemerken zusätzlich, daß Marx das potentielle Auftreten solcher Krisen nicht nur »vorhergesehen«, sondern begründet hat. Es mag ja sein, daß es keinen anderen Weg gibt als den kapitalistischen, daß wir die Makel und Bedrohlichkeiten dieses Weges wenn nicht hinzunehmen, dann doch im Auge zu behalten und zu korrigieren haben, so gut es eben geht, und uns ansonsten der mannigfachen Chancen, welche die Marktökonomie für viele eben doch bereithält, erfreuen sollen. Es mag ja sein, daß die große Alternative, an die Marx dachte, nicht existiert, daß wir uns mit Flickwerk am real existierenden Kapitalismus begnügen müssen. Warum aber können wir dann nicht trotzdem zugeben, daß Marx die Entwicklungs- und Zerstörungspotentiale, die Chancen und Gefahren, die ökonomischen Tendenzen und sozialen Folgen der kapitalistischen Produktionsweise so klar analytisch herauspräpariert, kritisch-polemisch in Worte gebracht und ebensowohl logisch bewiesen als historisch belegt hat wie niemand vor und niemand nach ihm? Auch Marx hat ein »Modell« vorgelegt, er hat abstrahiert und zugespitzt, weshalb vieles nicht wörtlich zu nehmen ist und manches erst in die Sprache der Empirie zurückübersetzt werden muß. Die Grundlinien seiner ökonomischen Analyse aber sind bis heute richtig und ersichtlich.

Jetzt, wo kein SED-Funktionär sich mehr über unverdienten Beifall von der falschen Seite freut, dürften ›wir‹, d. h. die westlichen Gesellschaften, ihre Intelligenzia, ihre Wirtschaftsführer, eingestehen, was wir an Marx haben: einen genialen Kritiker, der mit seinem Röntgenblick nicht nur die Lügen, Winkelzüge und kleinen Gemeinheiten der zu seiner Zeit herrschenden politischen Kaste aufgedeckt hat, sondern – und das ist seine unvergleichlich viel stärkere Leistung – die strukturellen

Instabilitäten, Schieflagen und Sollbruchstellen der kapitalistischen Produktionsweise in einer wahrlich dreidimensionalen Prägnanz von der Wirklichkeit und ihrem verborgenen Zusammenhang auf sein Manuskriptpapier durchgepaust und uns überlassen hat – zu Nutz, Frommen, Ärger und Bewunderung.

Wir haben hinten keine Augen

Marx wird manchmal vorgeworfen, er habe »die Wirtschaft« oder ökonomische Motive überschätzt und »dem Bewußtsein« oder sonstigen höheren Regungen der Menschen zu wenig zugetraut. Das ist ein Mißverständnis, von dem jeder aufmerksame Marx-Leser spätestens dann geheilt ist, wenn er den Kontext der Marx'schen »Umkehrung« begriffen hat: »Es ist nicht das Bewußtsein der Menschen, das ihr Sein, es ist ihr gesellschaftliches Sein, das ihr Bewußtsein bestimmt.« Marx wendet sich hier polemisch gegen die linken Hegelianer, die, ganz wie (s. o.) der Mann, der von der »Illusion der Schwere« besessen war, unsre leidende Welt mittels des puren Gedankens von ihren Gebresten heilen wollten. Marx' materialistische Wendung zur »wirklichen Bewegung«, zum Proletariat, zur Empirie dürfte sich ihrem Sinn und ihrer Substanz nach den Beifall unsres jetzt endgültig nach Art der Naturwissenschaften aufgeklärten 20. Jahrhunderts längst verdient haben. Wenn man in diesem Punkt etwas an ihm aussetzen will, dann höchstens, daß die ›Umkehrung‹ nicht radikal genug ausgefallen ist. Mit dem Tableau der befreiten Gesellschaft blieb ein metaphysischer Rest.

Andererseits aber trug Marxens materialistisch-analytische Anstrengung, seine Kritik der politischen Ökonomie, Früchte weit über die Grenzen der Fachökonomie hinaus. Und da, in Literatur, Philosophie und sozialkritischer Chronik des 20. Jahrhunderts, hat sie vielleicht am meisten ausgerichtet – was zugleich beweist, wie wenig Marx den Vorwurf verdient, das denkende, empfindende, sprechende, Kunst produzierende und betrachtende, kurz: das ästhetische und moralische Individuum zugunsten des fressenden vernachlässigt zu haben. Schon Marxens Sprachkunst entkräftet diesen Vorhalt. Wenn er den Stil nicht seinem Bedürfnis nach Genauigkeit opfert und ihn zwischen Zitaten, Wiederholungen, Formeln und umständlichen Begriffskombinationen wie »in Gemeinschaft produzierende Individuen« versacken läßt, wenn er sich essayistisch freimacht, haben wir es mit einem Schriftsteller von stupendem Wortschatz, hartem Rhythmus, einer für seine Zeit untypischen Dichte und Knappheit der Darlegung und einem ebenfalls sehr modernen bissigen Humor zu tun. Der Polemiker Marx ist als Stilist weithin anerkannt, doch auch die erzählenden Passagen, in denen er seine Theorie mit Beispielen und Historien veranschaulicht, sind mehr als das: starke Prosa.

Marx' sprachliche Disziplin und seine epischen Ausschweifungen sind nicht nur ein schönes Extra, sie zeigen, daß er von seiner ökonomischen Theorie mehr erwartet hat als Aufschluß über Produktionsverhältnisse im materiellen Sinn. Tatsächlich hat er mehr geliefert. Seine Kritik der kapitalistischen Warenproduktion greift weit aus und erfaßt die Kultur mit. Brecht, Benjamin, Bloch, die Frankfurter Schule, sie alle kommen von Marx her, und zwar weniger von dem Marx des Formelwerkes aus den drei Bänden des »Kapital« und der »Theorien über den Mehrwert« als von dem Kulturkritiker Marx, der in dem Kritiker der politischen Ökonomie drinsteckt. »Die Menschen machen ihre Geschichte selbst, aber... nicht aus freien Stücken«, sie bleiben abhängig von ihren eigenen Hervorbringungen: Staat und Kapital, sie stellen ihren gesellschaftlichen Zusammenhang nicht im bewußten Akt her, sondern blind und als dessen Opfer. Ihr gesellschaftlicher Zusammenhang verselbständigt sich gegen sie: als Geld klingelt er in ihren Taschen, und als Kapital degradiert er sie zu Knechten. Sachlich, vermittelt bloß über das äußerliche ökonomische Band, verhalten sich die Personen zueinander, während die Sachen, die *Waren*, das gesellschaftliche Verhältnis usurpieren. Die Welt ist verkehrt, die Menschen sind einander und sich selbst entfremdet. Während der Markt sie in ein allseitiges, aber sachliches und kaltes Verhältnis setzt, raubt er ihnen nach und nach ihre letzten Refugien persönlicher Verbundenheit, unterwirft er alle gesellschaftlichen Sphären seinem Gesetz: die Künste, die Wissenschaften, die Hauswirtschaft... Alles wird marktförmig, vermittelt nur über die »fühllose bare Zahlung«. Wie soll eine solche Welt nicht frösteln machen, wie die Literaten, Philosophen und Zeitkritiker nicht ans Werk setzen, damit sie die Übermacht des Marktes anklagen und womöglich aufhalten? Die marxistische Kulturkritik, die eine Expansion von Marktnormen bis in die verborgenen Höhlen der Psyche, in die Träume und Triebe, ausmacht und nachzeichnet, ist immer noch am Werk. Sie kann die von Marx einst angefangene Reihe fortsetzen: nach den Künsten ist es heute eine so beliebte kulturelle Errungenschaft wie der

Sport, der zu einem gigantischen, den Sinn des edlen Wettstreits verhöhnenden Geschäft geworden ist; aber auch die Sexualität wäre zu nennen, deren Surrogate gehandelt werden wie Semmeln, und selbst die Konfessionen sind zu Anbietern von Seelentrost und Glaubensgewißheiten geworden, die um ihre Nachfrager mit professioneller Reklame werben.

Obwohl sie ja im Recht ist, hat die linke Kulturkritik schon länger einen hohlen Klang – vielleicht weil sie zu sehr im Recht ist und weil sie es nicht gelernt hat, ihren Gegenstand neu zu fassen, nachdem die große Alternative (= Revolution und Sozialismus) abgedankt hat, und zwar sowohl als ideelle Voraussetzung, vor der das »Falsche« als solches erscheint, wie auch als materielles Ziel, für das der Kampf sich lohnt. Jetzt müßte die Kulturkritik sich an die Gehlen'sche Frage herantrauen, ob nicht die »Entfremdung« ihre befreiende Seite habe, ob wir nicht dadurch gewinnen, daß wir uns als gesellschaftliche Individuen vorab sachlich aufeinander beziehen und selbst entscheiden müssen, mit wem wir's persönlich halten. Jedenfalls hat der Kapitalismus mit der Marktdominanz zugleich die »Individualisierung« hervorgebracht, d. h. einen enormen Zuwachs an Optionen (und Unsicherheiten) für die einzelnen. – Daß der gesellschaftliche Zusammenhang sich am Ende immer ein Stück weit »hinter dem Rücken der Individuen« herstellen wird, das ist vielleicht weniger ein Fall für die Chaos-Forschung als eine Herausforderung an die menschliche Selbstbescheidung: wir können uns schwer damit abfinden, daß wir hinten keine Augen haben. Marx wollte alles wissen und kontrollieren, und er hat geglaubt, daß das möglich sei. Wir desillusionierten, bescheideneren Heutigen dürfen den Gedanken zulassen, ob wir uns nicht mit einer unvollkommenen, annähernden Kontrolle unseres »gesellschaftlichen Zusammenhangs« begnügen und versuchen müssen, diese zu optimieren. Eine solche reformistisch-pragmatische Variante von Gesellschafts- und Kulturkritik »widerlegt« Marx nicht, denn sie baut auf ihm auf. Sie spricht nur aus, daß zwischen Marx und uns mehr als 100 Jahre und einige ernüchternde Erfahrungen mit Kriegen, Revolutionen und Großtheorien liegen.

Was bleibt?

Marx hat im Grunde etwas sehr Einfaches gesagt: daß es nicht angeht, wenn in einer Gesellschaft die einen immer mehr raffen und haben und die anderen immer mehr schaffen und es zu nichts bringen. Ihm genügte natürlich eine solche Feststellung nicht. Er wollte *beweisen*, daß die kapitalistische Ökonomie instabil, deshalb zum Untergang verdammt, dabei aber fähig sei, eine neue Ökonomie und Gesellschaft aus sich hervorzubringen. Die naturalistische Metapher vom Geburtsakt ist hier sein Lieblingsbild. Als Assistent der Geschichte ist das Proletariat – eine Klasse, deren »besondere« Interessen zugleich die der Gesellschaft sind, die also wirkliche Allgemeinheit ist, weil sie das tiefste soziale Fundament repräsentiert: die *Arbeit* – berechtigt oder gar verpflichtet, revolutionär nachzuhelfen.

Was ist von dieser moralischen Geschichtsvision geblieben?

Einmal der Ausgangspunkt: daß es nicht angeht, wenn... Marx war nicht der erste und nicht der letzte, der eine solche schlichte ethische Wahrheit ausgesprochen hat, aber er tat es mit der nachhaltigsten Wirkung, weil er sie mit einer gewaltigen Drohung gepaart hat: der Revolution. Jetzt, wo die grandiose Perspektive eines Umsturzes zur schlichten Systemreform heruntergekürzt worden ist, scheint Marx nicht mehr zuständig. Es ist aber nur das 19. Jahrhundert in seiner theatralischen Gebärdensprache, das in und an Marx nicht mehr gilt. Der kühle Analytiker, der er überwiegend war, ist aktuell geblieben. Das erwähnte Skandalon ist nicht aus der Welt und so auch nicht die Marx'sche Diagnose. Wir leben in einer ungerechten Gesellschaft mit einer instabilen Ökonomie, die immer wieder korrigierende Eingriffe braucht. Als heroischer Dialektiker hat Marx von flickschusternder Systemverbesserung nichts wissen wollen – als Chronist des Klein-Klein der englischen Sozialgesetzgebung jedoch wirksame Schutzbestimmungen für die »labouring poor« durchaus begrüßt. Der sozialpolitische Reformer an ihm ist heute noch vorbildlich – der Revolutionsverkünder war gefangen in den Prätentionen seiner Zeit.

Die Unbeirrbarkeit, mit der Marx an der *Arbeit* als der notwendigen Basis – von Gesellschaft, Kapital, Philosophie, Individualität und Freiheit – festgehalten hat, seine Anthropologie vom tätigen Menschen und sein Theorem vom Arbeitswert sind weitere »bleibende Elemente« seiner Vision. Natürlich kann kein Betriebswirt eine Kostenrechnung auf Basis des Arbeitswerts durchführen, darum geht es auch nicht. Dem Betriebswirt genügen die Preise. Das Selbstverständnis, das Ethos, die moralische Konstitution der kapitalistischen Gesellschaft, die nie einheitlich sein wird und zu sein braucht, formuliert Werte, und das dürfen ruhig »Arbeitswerte« sein. Marxisten und Marx-Schüler, die an ihrem Meister die systematische Genauigkeit und die logische Stringenz besonders hoch schätzen, wehren sich dagegen, dem unbestechlichen Wissenschaftler Marx allzu starke moralische Impulse bei der Abfassung seiner Theorie zu unterstellen. Es ist indessen sehr schwer, den Empörer Marx von dem kühlen Kopf zu scheiden, und es soll hier der Vorschlag gemacht werden, darauf zu verzichten und, weitergehend, den moralischen Impuls vom Verdacht der notwendigen Tatsachenblindheit freizusprechen. Marx wird auch in Zukunft zu Debatten über Wahrheitsanspruch und Parteilichkeit Anstoß geben, er wird wissenschaftliche Zünfte darüber streiten lassen, ob man nicht sehr wohl nachdenken könne, während man vor Wut schnaubt, und ob nicht die Ataraxie vorwiegend zu Tautologien inspiriert. – Für die Gesellschaft insgesamt, für die Auseinandersetzungen um die Frage: Was ist gut? Was ist gerecht? Wieviel Ungleichheit ertragen wir? – zur Abwägung dieser Fragen legt die Marx'sche Tradition: das Bestehen darauf, daß es die *Arbeit* ist, die alles hervorbringt, vom Butterbrot bis zum Großkonzern, vom Pflasterstein bis zum Elfenbeinturm, vom Schweißtropfen bis zum Selbstbewußtsein, ein schweres, umstrittenes, unverzichtbares Gewicht in die Waagschale. Es ist heutzutage nicht schick, von Arbeiterklasse, Lohnkämpfen und Privateigentum an den Produktionsmitteln zu reden. Unsere Gesellschaft tut gern so, als habe sie vorm Eintritt in das dritte Jahrtausend mit ihrer famosen sozialen Marktwirtschaft diesen ganzen Müll entsorgt. Hat sie nicht. Die Vokabeln und Schlagworte mögen wechseln, die Sache bleibt die alte. Unsere kapitalistische Gesellschaft, je reicher, pluraler und subkulturell ausdifferenzierter sie auch wird, braucht, behaupten wir, ein Bewußtsein von der »fundamentalen« Bedeutung der Arbeit – als »working class« und als individuelles Erfahrungsfeld – und von der Notwendigkeit des Respekts vor ihr. Sie, die Gesellschaft, hat diesen Respekt in den letzten hundert Jahren durchaus aufgebracht und erwiesen. Man muß ihn ihr aber immer wieder *neu abringen*, vor allem, was materielle Konsequenzen betrifft.

Folgendes Zitat finden wir in der Einleitung Prof. Y's zur Neuherausgabe des Marx'schen »Kapital«:
»Bauernaufstand im Norden Portugals: Berittene Polizisten prügeln auf die Dorfbewohner von Valpaços ein, die immer wie-

der versuchen, Eukalyptussprößlinge aus dem Boden zu reißen. In Quinta do Ermeiro marschiert Polizei auf, weil Bergbauern die schweren Planierraupen aufzuhalten suchen, mit denen Korkeichen- und Olivenhaine für den Eukalyptusanbau terrassiert werden sollen.

So wehrt sich im Trás-os-Montes die Landbevölkerung gegen die Segnungen einer europäischen Strukturpolitik, die den armen Regionen der Gemeinschaft Fortschritt und Wohlstand bringen soll. Tatsächlich aber bedroht die von der EG geförderte Monokultur des schnellwachsenden Eukalyptus die kärgliche Existenz der Bergbauern und füllt die Kassen von Waldbesitzern und Fabrikanten.«

Prof. Y kommentiert: »Diese Notiz über einen Konflikt im Norden Portugals hätte, was die Diktion und die Pointe betrifft, genauso, Wort für Wort, eine der vielen journalistischen Arbeiten einleiten können, die Karl Marx nebenbei und um des Broterwerbs willen geschrieben hat. Daran, daß von der Europäischen Gemeinschaft und von Planierraupen die Rede ist, erkennen wir, daß wir es mit einem zeitgenössischen Text zu tun haben. Er stand im Hamburger SPIEGEL Nr. 16/1990 und ist nur eine von unzähligen Meldungen ähnlichen Inhalts, wie unsere westliche Presse sie täglich verbreitet. Der Kapitalismus ist akzeptiert, aber die Kritik an ihm ebenso. Die Kritik, die zu Marx' Zeit der ökonomischen Wirklichkeit und den ›Fabrikherren‹ feindlich gegenüberstand, ist inzwischen in das System hineingewachsen. Es ist doch seltsam, daß wir alle ganz offensichtlich die Schüler eines Lehrers sind, von dem wir gar nichts wissen.«

Wir möchten Prof. Y so ergänzen: während der Kapitalismus von alleine weiterwuchert, braucht die Kritik an ihm einen Anstoß. Das ist immer noch so. Zwar ist sie nicht mehr verboten, sie wird sogar ermutigt, aber sie soll möglichst wenig kosten. Und sie darf die »Grundordnung« nicht antasten. Das will sie meist nicht mal. Im Einzelfall ist es aber nicht immer leicht zu sagen, wo erlaubte Kritik aufhört und das »Antasten« beginnt.

Auch was die »Grundordnung« ist, versteht sich nicht von selbst. Konservative schieben gern »die Demokratie« vor, gegen die im Ernst niemand was hat. Ein anderes Konstituens der »Grundordnung«, genauso elementar wie die Volksherrschaft, aber von weniger fabelhaftem Ruf, macht mehr Sorgen, und das ist das *Privateigentum*. Es ist nicht das Reihenhaus gemeint, sondern die Fabrik, wobei auch die Frage, wie und wo der Fabrikbesitzer und wie und wo sein Arbeiter wohnt, eine durchaus politische Angelegenheit ist. Privateigentum wird immer noch ungern zum Thema gemacht, es überwintert, was die öffentliche Rede von ihm betrifft, in einer Tabuzone – obwohl es keine organisierte Macht mehr gibt, die es abschaffen will. Aber es sind inzwischen Formen des Eingriffs in die private Verfügung gefunden worden, die, während sie den juristischen Besitztitel bestehen lassen, doch einzelne Funktionen des Eigentums heraustrennen und Befugnisse abspalten, die Nutznießung einschränken und die soziale Verpflichtung hervorheben, und diese Eingriffe sind für die Kapitalistenklasse schmerzhaft genug. Wenn sie angedroht oder durchgeführt werden, schlägt die herumkurierende oder nur kosmetische Systemverbesserung in eine echte Reform um – und hier steht immer noch, wie zu Marx' Zeiten, Privatinteresse gegen Gemeininteresse und das Interesse der kleinen Leute gegen das der großen Tiere.

Es ist so: Ein Stück Sozialismus wurde in das kapitalistische System eingelassen, die feindlichen Prinzipien existieren nebeneinander und halten einander in Schach. Der Sozialismus wurde nicht aus dem Kapitalismus geboren, sondern in ihn hineinoperiert – und er macht dort, genau wie ein Organtransplantat im menschlichen Körper, Schwierigkeiten. Der Kapitalismus reagiert mit Abstoßungstendenzen. Der Arzt – die soziale Politik – muß immer wieder nachhelfen, festnähen und aufbauende Medikamente verabreichen. Das Faszinierende ist, daß Marxens Einsichten in die »Natur« des Kapitalismus, in dessen angeborene soziale Rücksichtslosigkeit, sich täglich neu bestätigen, daß er, Marx, zwar praktisch die Reformierbarkeit des Kapitalismus unterschätzt, theoretisch aber die Systemunverträglichkeit weitgehender sozialer Reformen zutreffend dargelegt hat. Im Grunde will das Kapital immer noch in Ruhe seinen »Werwolfsheißhunger nach Mehrarbeit« stillen und sich dabei nicht von sozialen Gefühlsduseleien stören lassen. Es darf aber nicht mehr. Es *muß* Sozialabgaben ertragen, Gewerkschaftsmacht hinnehmen und Partizipation der Lohnabhängigen an allen kulturellen Errungenschaften der bürgerlichen Kultur. Es muß den Dauerstreit aushalten, den solche Umverteilungen innerhalb der Gesellschaft auslösen. *Diesen* Konsens hat die »Partei der Arbeit« in über hundertjähriger mühseliger Kleinarbeit und in verlustreichen Kämpfen durchgesetzt. Wie tragfähig, wie ausbaubar, wie verbindlich jener *Solidarität* zu nennende Konsens wirklich ist, wird das kommende Jahrzehnt zeigen. Es wird daran erinnern, daß die Marx'sche Idee vom Individuum, das »unmittelbar zugleich« Gemeinwesen ist, d.h. seine Privatinteressen nicht mehr (nur) im Gegensatz zu den allgemeinen Interessen und zu denen seiner Mitmenschen setzt, doch keine bloße Chimäre ist. Die Armen aus dem Osten, aus der ehemaligen DDR, aus Polen, Rußland, Albanien und Rumänien, sie bringen wenig mehr mit als ihre Arbeitskraft, große Hoffnungen und Heimweh. Ihre Integration in unsere saturierte, mürrische, aber auch flexible und tolerante Gesellschaft wird zur Bewährungsprobe werden für die Überlebenskraft eines reformierten Kapitalismus, der seinen eigenen ökonomischen Funktionsmechanismus nach den schöpferischen und den zerstörerischen Konsequenzen hin auseinanderzusortieren und die einen zu ermutigen, die anderen zu unterdrücken gelernt hat. Diese heiklen und mühsamen Korrekturen sind Daueraufgaben für eine Reformpolitik, wie sie Marx für unmöglich hielt. Insofern hat er ›geirrt‹. Was er aber über den ökonomischen Funktionsmechanismus zu sagen hat, ist damals wie heute die Wahrheit. Ohne Kenntnis dieser Wahrheit könnten wir die Solidarität nicht durchhalten, denn das bloß moralische »Prinzip Verantwortung« ginge ins Leere. Der Appell allein genügt nicht. Wir brauchen den Zwang des Gesetzes. Nur wenn wir *wissen*, wie der Kapitalismus funktioniert, können wir ihn reformieren. Und nur dann können wir ihn retten. Auch die Konservativen stehen »auf den Schultern von Marx«. Und so gibt es keine politische Couleur, die einen interessierten Zeitgenossen daran hindern dürfte, Marx neu zu lesen.

Eine Auswahl mit Marx-Texten von etwa 140 Seiten zu besorgen, ist für jeden Menschen, der Marx ausgiebig und mit Neugier, Bewunderung und Gewinn gelesen hat, eine Qual. Zu vieles muß draußenbleiben, was doch hineingehörte und was zum Verständnis von Marx, auch im Sinn eines »ersten Eindrucks«, nötig scheint. Aber so ist das nun mal, Auswählen heißt weglassen, und was schließlich übrig bleibt, darüber entscheiden allen Einteilungs- und Gliederungsgesichtspunkten zum Trotz meist ganz subjektive Vorlieben.

Zu den Einteilungs- und Gliederungsgesichtspunkten trotzdem ein paar Worte: Marx wird landläufig in den Philosophen, Historiker, Soziologen, Ökonomen und Zeitgeschichtler zerlegt. Diese Aufspaltung mißachtet die »Interdisziplinarität« seines Zugriffs. Unsere Einteilung folgt den großen kritischen Linien des Werks: Marx hat, erstens, versucht, der bürgerlichen Welt Geschichte beizubringen und sie von dem Wahn zu heilen, ihre Ordnung sei von Natur und ewig. Er hat, zweitens, auf Historizität nicht nur des bürgerlichen Staates, sondern der Politik überhaupt bestanden und darauf gebaut, daß der »vergesellschaftete Mensch« einen Weg finde, nicht nur objektiv und ideell, sondern von sich aus und wirklich »Gemeinwesen« zu werden, sich sein »Gattungswesen« anzueignen. Er hat, drittens, das Proletariat nicht nur zum Geschichtshelden stilisiert, sondern danach gefragt, wie es wirklich lebt. Er hat, viertens, den größten Teil seines Lebens damit verbracht, die »Anatomie« der bürgerlichen Gesellschaft zu besorgen, d. h. das Kapital als Produktionsverhältnis theoretisch darzustellen. Er hat, fünftens, über die internationale Entwicklung des Kapitalismus Aussagen gemacht, die immer noch aktuell sind.

Diese fünf Gesichtspunkte, denen unsere Kapiteleinteilung folgt, sind nicht nur eine Nachzeichnung Marx'scher Kritiklinien, sie sind genausogut Fragen, die wir heute noch an Marx stellen können, bzw. sie betreffen Einsichten, die wir Marx verdanken. Er ist nicht der erste Historiker, aber einer der wenigen, die konsequent versucht haben, die eigene Epoche zu historisieren. Er war ein hervorragender Schilderer: was vor hundert Jahren die Arbeiter durchzustehen hatten, kann man am besten bei dem Mann (und seinem Freund Friedrich Engels) nachlesen, der, alles in allem, viel dazu beigetragen hat, daß es heute anders aussieht. Und wenn man wissen will, warum es so schwierig und notwendig zugleich ist, den Kapitalismus zu reformieren, kann man auch viele Antworten bei Marx finden. Das 5. Kapitel ist vor allem deshalb eingerichtet worden, weil die mit dem Kapitalismus verbundenen Probleme sich inzwischen internationalisiert haben und heute den Nord-Süd-Konflikt krisenhafter und bedrohlicher erscheinen lassen als die Klassenfrage. Außerdem fügen sich in so einem Zusammenhang die Entwürfe zum Brief an Vera Sassulitsch, in denen Marx sich – der Anachronismus sei erlaubt – als Anti-Leninist erweist, gut ein.

Jedes Kapitel beginnt mit einem Auszug aus dem »Kapital« (eine Ausnahme macht das zweite, für das sich in den »Grundrissen« etwas Passenderes fand). Es soll hierdurch dem Vorurteil entgegengewirkt werden, das Marx'sche Hauptwerk sei »zu fachlich«. Die folgenden Auszüge sind umgekehrt-chronologisch angeordnet: man liest, falls man nicht hinten anfängt, zuerst den älteren Marx, zum Schluß den jüngeren. Nur beim vierten Kapitel ließ sich diese Anordnung nicht durchhalten, da es hier wichtiger war, daß die Texte inhaltlich aneinander anschlossen.

Am Ende eines jeden Kapitels steht ein Brief. Auch die Briefe fallen aus der umgekehrten Chronologie heraus. Es ließ sich ferner nicht immer ein inhaltlicher Zusammenhang zum Kapitel herstellen. So paßt z. B. der Brief an Jenny Marx in keines der fünf Kapitel hinein, ist aber doch zu schön, als daß er fehlen dürfte. Wir hoffen, daß diese Durchbrechung der Kapiteleinheitlichkeit entschuldbar ist.

Die meisten Texte sind der Ausgabe: Marx/Engels Werke (MEW) aus dem Dietz Verlag/ Ostberlin, 1964–89 entnommen. Ausnahmen sind angezeigt. Die Überschriften der Kapitel (z. B. aus dem »Kapital«), Artikel, Pamphlete, Briefe etc., denen die Textauszüge entstammen, sind stets genannt. Wir verzichten auf eine Seitenangabe. Das ausführliche Inhaltsverzeichnis der MEW läßt jeden, der zu einem hier abgedruckten Teil-Text das Ganze sucht, schnell ans Ziel kommen. – Fußnoten, von denen Marx reichlich über sein Werk gestreut hat, sind von uns nur in einem Fall (S. 48) übernommen worden. Das ist ein arger Verstoß gegen die Werktreue, aber angesichts der Platzknappheit eine Notwendigkeit und obendrein im Sinne einer Leserfreundlichkeit, die auch Nichtwissenschaftler und junge Leute zur Marx-Lektüre einladen will, geboten.

Das Literaturverzeichnis am Schluß empfiehlt Studien über Marx und kommentierte Auswahlbände von Kennern, die weder staatlich bestellte Propagandisten waren wie die meisten Marxologen im Osten noch bloße akademische Exegeten wie viele Marxisten im Westen, sondern wie Marx Selbstdenker – mit allen den Gefahren, einem »Irrtum« zu erliegen, die dieser Mut birgt. Die Liste ist nicht repräsentativ, sondern wieder eine subjektive Auswahl. Für Rat bei ihrer Zusammenstellung und für die Kommentierung danke ich Otto Kallscheuer.

1. KAPITEL

»Mit Zügen von Blut und Feuer« – Geschichtlichkeit

Der hat's genommen
Aus: Die ›sogenannte ursprüngliche Akkumulation‹, in: *Das Kapital*

Reale Basis
Aus: *Vorwort zur Kritik der politischen Ökonomie*

Rede auf der Jahresfeier des »People's Paper«

Widerstreit der Klassen
Aus: *Das Elend der Philosophie*

Der reine Geist und sein Fluch
Aus: *Die deutsche Ideologie*

Brief an Joseph Weydemeyer

Dieses Kapitel sammelt Texte, in denen Marx den Philosophen seiner Zeit zu verstehen gibt, daß sie, um die Triebkräfte der Geschichte zu erkennen, sich für das interessieren müssen, was die Menschen wirklich tun, anstatt sich um die Emanationen des reinen Geistes zu sorgen. Hier kommt der Antimetaphysiker und materialistische Empiriker zu Wort (»Deutsche Ideologie«). Ferner rechnet Marx mit seinen ökonomischen Zunftgenossen ab, soweit die ein verklärendes Bild bestehender und vorvergangener Zustände zeichnen und die kapitalistische Produktionsweise für den natürlichen Endpunkt der Geschichte erachten (»Ursprüngliche Akkumulation« und »Elend der Philosophie«). Wie stets als Kritiker ist Marx auch hier schlagend und brillant. Seine Gedanken verlieren an Feinschliff, sowie er versucht, »positiv« darzulegen, was er entdeckt habe – dennoch ist das Vorwort zur »Kritik der politischen Ökonomie« als (notwendig vergröbernde) Zusammenfassung seines Geschichtsverständnisses lesenswert. Ein bißchen tragisch fast ist seine Selbstverkennung, die im Brief an J. Weydemeyer zum Ausdruck kommt. Da, wo er, u. a. wegen seiner Verachtung des Politischen als einer Sphäre bloßer Illusion, in die Irre gegangen ist, glaubt er einmalig zu sein.

Der hat's genommen

Aus: »Die sogenannte ursprüngliche Akkumulation«,
Das Kapital, Band 1

[Woher kommt das erste Kapital? Es ist Produkt einer ›ursprünglichen‹ Akkumulation, »welche nicht das Resultat der kapitalistischen Produktionsweise ist, sondern ihr Ausgangspunkt«.]

Diese ursprüngliche Akkumulation spielt in der politischen
Ökonomie ungefähr dieselbe Rolle wie der Sündenfall in der
Theologie. Adam biß in den Apfel, und damit kam über das
Menschengeschlecht die Sünde. Ihr Ursprung wird erklärt, indem er als Anekdote der Vergangenheit erzählt wird. In einer
längst verfloßnen Zeit gab es auf der einen Seite eine fleißige,
intelligente und vor allem sparsame Elite und auf der andren
faulenzende, ihr alles und mehr verjubelnde Lumpen. Die Le-
gende vom theologischen Sündenfall erzählt uns allerdings, wie
der Mensch dazu verdammt worden sei, sein Brot im Schweiß
seines Angesichts zu essen; die Historie vom ökonomischen Sündenfall aber enthüllt uns, wieso es Leute gibt, die das keineswegs nötig haben. Einerlei. So kam es, daß die ersten Reichtum
akkumulierten und die letztren schließlich nichts zu verkaufen
hatten als ihre eigne Haut. Und von diesem Sündenfall datiert
die Armut der großen Masse, die immer noch, aller Arbeit zum
Trotz, nichts zu verkaufen hat als sich selbst, und der Reichtum
der wenigen, der fortwährend wächst, obgleich sie längst aufgehört haben zu arbeiten. Solche fade Kinderei kaut Herr Thiers
z. B. noch mit staatsfeierlichem Ernst, zur Verteidigung der pro-
priété*, den einst so geistreichen Franzosen vor. Aber sobald die
Eigentumsfrage ins Spiel kommt, wird es heilige Pflicht, den
Standpunkt der Kinderfibel als den allen Altersklassen und Entwicklungsstufen allein gerechten festzuhalten.** In der wirk-

---

* des Eigentums
** Goethe, geärgert durch diese Alfanzereien, verspottet sie in folgender »Kate-
chisation«:
Lehrer: Bedenk, o Kind, woher sind diese Gaben?
Du kannst nichts von Dir selber haben.
Kind: Ei, alles hab' ich vom Papa.
Lehrer: Und der, woher hat's der?
Kind: Vom Großpapa.
Lehrer: Nicht doch! Woher hat's denn der Großpapa bekommen?
Kind: Der hat's genommen. (*Anm. von K. M.*)

lichen Geschichte spielen bekanntlich Eroberung, Unterjochung, Raubmord, kurz Gewalt die große Rolle. In der sanften politischen Ökonomie herrschte von jeher die Idylle. Recht und »Arbeit« waren von jeher die einzigen Bereicherungsmittel, natürlich mit jedesmaliger Ausnahme von »diesem Jahr«. In der Tat sind die Methoden der ursprünglichen Akkumulation alles andre, nur nicht idyllisch.

Geld und Ware sind nicht von vornherein Kapital, sowenig wie Produktions- und Lebensmittel. Sie bedürfen der Verwandlung in Kapital. Diese Verwandlung selbst aber kann nur unter bestimmten Umständen vorgehn, die sich dahin zusammenspitzen: Zweierlei sehr verschiedne Sorten von Warenbesitzern müssen sich gegenüber und in Kontakt treten, einerseits Eigner von Geld, Produktions- und Lebensmitteln, denen es gilt, die von ihnen geeignete Wertsumme zu verwerten durch Ankauf fremder Arbeitskraft; andererseits freie Arbeiter, Verkäufer der eignen Arbeitskraft und daher Verkäufer von Arbeit. Freie Arbeiter in dem Doppelsinn, daß weder sie selbst unmittelbar zu den Produktionsmitteln gehören, wie Sklaven, Leibeigene usw., noch auch die Produktionsmittel ihnen gehören, wie beim selbstwirtschaftenden Bauer usw., sie davon vielmehr frei, los und ledig sind. Mit dieser Polarisation des Warenmarkts sind die Grundbedingungen der kapitalistischen Produktion gegeben. Das Kapitalverhältnis setzt die Scheidung zwischen den Arbeitern und dem Eigentum an den Verwirklichungsbedingungen der Arbeit voraus. Sobald die kapitalistische Produktion einmal auf eignen Füßen steht, erhält sie nicht nur jene Scheidung, sondern reproduziert sie auf stets wachsender Stufenleiter. Der Prozeß, der das Kapitalverhältnis schafft, kann also nichts andres sein als der Scheidungsprozeß des Arbeiters vom Eigentum an seinen Arbeitsbedingungen, ein Prozeß, der einerseits die gesellschaftlichen Lebens- und Produktionsmittel in Kapital verwandelt, andrerseits die unmittelbaren Produzenten in Lohnarbeiter. Die sog. ursprüngliche Akkumulation ist also nichts als der historische Scheidungsprozeß von Produzent und Produktionsmittel. Er erscheint als »ursprünglich«, weil er die Vorgeschichte des Kapitals und der ihm entsprechenden Produktionsweise bildet.

Die ökonomische Struktur der kapitalistischen Gesellschaft ist hervorgegangen aus der ökonomischen Struktur der feudalen Gesellschaft. Die Auflösung dieser hat die Elemente jener freigesetzt.

Der unmittelbare Produzent, der Arbeiter, konnte erst dann

über seine Person verfügen, nachdem er aufgehört hatte, an die Scholle gefesselt und einer andern Person leibeigen oder hörig zu sein. Um freier Verkäufer von Arbeitskraft zu werden, der seine Ware überall hinträgt, wo sie einen Markt findet, mußte er ferner der Herrschaft der Zünfte, ihren Lehrlings- und Gesellenordnungen und hemmenden Arbeitsvorschriften entronnen sein. Somit erscheint die geschichtliche Bewegung, die die Produzenten in Lohnarbeiter verwandelt, einerseits als ihre Befreiung von Dienstbarkeit und Zunftzwang; und diese Seite allein existiert für unsre bürgerlichen Geschichtschreiber. Andrerseits aber werden diese Neubefreiten erst Verkäufer ihrer selbst, nachdem ihnen alle ihre Produktionsmittel und alle durch die alten feudalen Einrichtungen gebotnen Garantien ihrer Existenz geraubt sind. Und die Geschichte dieser ihrer Expropriation ist in die Annalen der Menschheit eingeschrieben mit Zügen von Blut und Feuer.

Die industriellen Kapitalisten, diese neuen Potentaten, mußten ihrerseits nicht nur die zünftigen Handwerksmeister verdrängen, sondern auch die im Besitz der Reichtumsquellen befindlichen Feudalherren. Von dieser Seite stellt sich ihr Emporkommen dar als Frucht eines siegreichen Kampfes gegen die Feudalmacht und ihre empörenden Vorrechte sowie gegen die Zünfte und die Fesseln, die diese der freien Entwicklung der Produktion und der freien Ausbeutung des Menschen durch den Menschen angelegt. Die Ritter von der Industrie brachten es jedoch nur fertig, die Ritter vom Degen zu verdrängen, dadurch, daß sie Ereignisse ausbeuteten, an denen sie ganz unschuldig waren. Sie haben sich emporgeschwungen durch Mittel, ebenso gemein wie die, wodurch der römische Freigelassene sich einst zum Herrn seines patronus gemacht hat.

Der Ausgangspunkt der Entwicklung, die sowohl den Lohnarbeiter wie den Kapitalisten erzeugt, war die Knechtschaft des Arbeiters. Der Fortgang bestand in einem Formwechsel dieser Knechtung, in der Verwandlung der feudalen in kapitalistische Exploitation. Um ihren Gang zu verstehn, brauchen wir gar nicht so weit zurückzugreifen. Obgleich die ersten Anfänge kapitalistischer Produktion uns schon im 14. und 15. Jahrhundert in einigen Städten am Mittelmeer sporadisch entgegentreten, datiert die kapitalistische Ära erst vom 16. Jahrhundert. Dort, wo sie auftritt, ist die Aufhebung der Leibeigenschaft längst vollbracht und der Glanzpunkt des Mittelalters, der Bestand souveräner Städte, seit geraumer Zeit im Erbleichen.

Historisch epochemachend in der Geschichte der ursprünglichen Akkumulation sind alle Umwälzungen, die der sich bildenden Kapitalistenklasse als Hebel dienen; vor allem aber die Momente, worin große Menschenmassen plötzlich und gewaltsam von ihren Subsistenzmitteln losgerissen und als vogelfreie Proletarier auf den Arbeitsmarkt geschleudert werden. Die Expropriation des ländlichen Produzenten, des Bauern, von Grund und Boden bildet die Grundlage des ganzen Prozesses. [...]

Der Raub der Kirchengüter, die fraudulente Veräußerung der Staatsdomänen, der Diebstahl des Gemeindeeigentums, die usurpatorische und mit rücksichtslosem Terrorismus vollzogne Verwandlung von feudalem und Claneigentum in modernes Privateigentum, es waren ebenso viele idyllische Methoden der ursprünglichen Akkumulation. Sie eroberten das Feld für die kapitalistische Agrikultur, einverleibten den Grund und Boden dem Kapital und schufen der städtischen Industrie die nötige Zufuhr von vogelfreiem Proletariat.

(1867, »Das Kapital«, Bd. 1, MEW, Bd. 23)

Reale Basis

Aus: *Vorwort zur Kritik der politischen Ökonomie*

Meine Untersuchung mündete in dem Ergebnis, daß Rechtsverhältnisse wie Staatsformen weder aus sich selbst zu begreifen sind noch aus der sogenannten allgemeinen Entwicklung des menschlichen Geistes, sondern vielmehr in den materiellen Lebensverhältnissen wurzeln, deren Gesamtheit Hegel, nach dem Vorgang der Engländer und Franzosen des 18. Jahrhunderts, unter dem Namen »bürgerliche Gesellschaft« zusammenfaßt, daß aber die Anatomie der bürgerlichen Gesellschaft in der politischen Ökonomie zu suchen sei. Die Erforschung der letztern, die ich in Paris begann, setzte ich fort zu Brüssel, wohin ich infolge eines Ausweisungsbefehls des Herrn Guizot übergewandert war. Das allgemeine Resultat, das sich mir ergab und, einmal gewonnen, meinen Studien zum Leitfaden diente, kann kurz so formuliert werden: In der gesellschaftlichen Produktion ihres Lebens gehen die Menschen bestimmte, notwendige, von ihrem Willen unabhängige Verhältnisse ein, Produktionsverhältnisse, die einer bestimmten Entwicklungsstufe ihrer materiellen Produktivkräfte entsprechen. Die Gesamtheit dieser Produktionsverhältnisse bildet die ökonomische Struktur der Gesellschaft, die reale Basis, worauf sich ein juristischer und politischer Überbau erhebt, und welcher bestimmte gesellschaftliche Bewußtseinsformen entsprechen. Die Produktionsweise des materiellen Lebens bedingt den sozialen, politischen und geistigen Lebensprozeß überhaupt. Es ist nicht das Bewußtsein der Menschen, das ihr Sein, sondern umgekehrt ihr gesellschaftliches Sein, das ihr Bewußtsein bestimmt. Auf einer gewissen Stufe ihrer Entwicklung geraten die materiellen Produktivkräfte der Gesellschaft in Widerspruch mit den vorhandenen Produktionsverhältnissen oder, was nur ein juristischer Ausdruck dafür ist, mit den Eigentumsverhältnissen, innerhalb deren sie sich bisher bewegt hatten. Aus Entwicklungsformen der Produktivkräfte schlagen diese Verhältnisse in Fesseln derselben um. Es tritt dann eine Epoche sozialer Revolution ein. Mit der Veränderung der ökonomischen Grundlage wälzt sich der ganze ungeheure Überbau langsamer oder rascher um. In der Betrachtung solcher Umwälzungen muß man stets unterscheiden zwischen der materiellen naturwissenschaftlich treu zu konstatierenden Umwälzung in den ökonomischen Produktionsbedingungen und den juristischen, politischen, religiösen, künstlerischen oder philosophischen, kurz, ideologischen Formen, worin sich die Menschen dieses Konflikts bewußt werden und ihn ausfechten. So wenig man das, was ein Individuum ist, nach dem beurteilt, was es sich selbst dünkt, ebensowenig kann man eine solche Umwälzungsepoche aus ihrem Bewußtsein beurteilen, sondern muß vielmehr dies Bewußtsein aus den Widersprüchen des materiellen Lebens, aus dem vorhandenen Konflikt zwischen gesellschaftlichen Produktivkräften und Produktionsverhältnissen erklären. Eine Gesellschaftsformation geht nie unter, bevor alle Produktivkräfte entwickelt sind, für die sie weit genug ist, und neue höhere Produktionsverhältnisse treten nie an die Stelle, bevor die materiellen Existenzbedingungen derselben im Schoß der alten Gesellschaft selbst ausgebrütet worden sind. Daher stellt sich die Menschheit immer nur Aufgaben, die sie lösen kann, denn genauer betrachtet wird sich stets finden, daß die Aufgabe selbst nur entspringt, wo die materiellen Bedingungen ihrer Lösung schon vorhanden oder wenigstens im Prozeß ihres Werdens begriffen sind. In großen Umrissen können asiatische, antike, feudale und modern bürgerliche Produktionsweisen als progressive Epochen der ökonomischen Gesellschaftsformation bezeichnet werden. Die bürgerlichen Produktionsverhältnisse sind die letzte antagonistische Form des gesellschaftlichen Produktionsprozesses, antagonistisch nicht im Sinn von individuellem Antagonismus, sondern eines aus den gesellschaftlichen Lebensbedingungen der Individuen hervorwachsenden Antagonismus, aber die im Schoß der bürgerlichen Gesellschaft sich entwickelnden Produktivkräfte schaffen zugleich die materiellen Bedingungen zur Lösung dieses Antagonismus. Mit dieser Gesellschaftsformation schließt daher die Vorgeschichte der menschlichen Gesellschaft ab. [...]

Diese Skizze über den Gang meiner Studien im Gebiet der politischen Ökonomie soll nur beweisen, daß meine Ansichten, wie man sie immer beurteilen mag und wie wenig sie mit den interessierten Vorurteilen der herrschenden Klassen übereinstimmen, das Ergebnis gewissenhafter und langjähriger Forschung sind. Bei dem Eingang in die Wissenschaft aber, wie beim Eingang in die Hölle, muß die Forderung gestellt werden:

Qui si convien lasciare ogni sospetto
Ogni viltà convien che qui sia morta.*

London, im Januar 1859

Karl Marx

(1859, MEW, Bd. 13)

* Hier mußt du allen Zweifelmut ertöten,
Hier ziemt sich keine Zagheit fürderhin.
(Dante, »Göttliche Komödie«.)

Rede auf der Jahresfeier
des »People's Paper«

Die sogenannten Revolutionen von 1848 waren nur kümmerliche Episoden – kleine Brüche und Risse in der harten Kruste der europäischen Gesellschaft. Sie offenbarten jedoch einen Abgrund. Sie enthüllten unter der scheinbar festen Oberfläche Ozeane flüssiger Masse, die nur der Expansion bedarf, um Kontinente aus festem Gestein in Stücke zerbersten zu lassen. Lärmend und verworren verkündeten sie die Emanzipation des Proletariers, d.h. das Geheimnis des 19. Jahrhunderts und der Revolution dieses Jahrhunderts.

Diese soziale Revolution war allerdings keine 1848 erfundene Neuheit. Dampf, Elektrizität und Spinnmaschine waren Revolutionäre von viel gefährlicherem Charakter als selbst die Bürger Barbès, Raspail und Blanqui. Aber obgleich die Atmosphäre, in der wir leben, auf jedem mit einem Gewicht von 20 000 Pfund lastet, empfinden wir es etwa? Nicht mehr, als die europäische Gesellschaft vor 1848 die revolutionäre Atmosphäre empfand, die sie von allen Seiten umgab und drückte.

Es gibt eine große Tatsache, die für dieses unser 19. Jahrhundert bezeichnend ist, eine Tatsache, die keine Partei zu leugnen wagt. Auf der einen Seite sind industrielle und wissenschaftliche Kräfte zum Leben erwacht, von der keine Epoche der früheren menschlichen Geschichte je eine Ahnung hatte. Auf der andern Seite gibt es Verfallssymptome, welche die aus der letzten Zeit des Römischen Reiches berichteten Schrecken bei weitem in den Schatten stellen.

In unsern Tagen scheint jedes Ding mit seinem Gegenteil schwanger zu gehen. Wir sehen, daß die Maschinerie, die mit der wundervollen Kraft begabt ist, die menschliche Arbeit zu verringern und fruchtbarer zu machen, sie verkümmern läßt und bis zur Erschöpfung auszehrt. Die neuen Quellen des Reichtums verwandeln sich durch einen seltsamen Zauberbann zu Quellen der Not. Die Siege der Wissenschaft scheinen erkauft durch Verlust an Charakter. In dem Maße, wie die Menschheit die Natur bezwingt, scheint der Mensch durch andre Menschen oder durch seine eigne Niedertracht unterjocht zu werden. Selbst das reine Licht der Wissenschaft scheint nur auf dem dunklen Hintergrund der Unwissenheit leuchten zu können. All unser Erfinden und unser ganzer Fortschritt scheinen darauf hinauszulaufen, daß sie materielle Kräfte mit geistigem Leben ausstatten und das menschliche Leben zu einer materiellen Kraft verdummen. Dieser Antagonismus zwischen moderner Industrie und Wissenschaft auf der einen Seite und modernem Elend und Verfall auf der andern Seite, dieser Antagonismus zwischen den Produktivkräften und den gesellschaftlichen Beziehungen unserer Epoche ist eine handgreifliche, überwältigende und unbestreitbare Tatsache. Einige Parteien mögen darüber wehklagen; andere mögen wünschen, die modernen technischen Errungenschaften loszuwerden, um die modernen Konflikte loszuwerden. Oder sie mögen sich einbilden, daß ein so bemerkenswerter Fortschritt in der Industrie eines ebenso bemerkenswerten Rückschritts in der Politik zu seiner Vervollständigung bedarf. Wir für unsern Teil verkennen nicht die Gestalt des arglistigen Geistes, der sich fortwährend in all diesen Widersprüchen offenbart. Wir wissen, daß die neuen Kräfte der Gesellschaft, um richtig zur Wirkung zu kommen, nur neuer Menschen bedürfen, die ihrer Meister werden – und das sind die Arbeiter.

Sie sind so gut die Erfindung der neuen Zeit wie die Maschinerie selbst. In den Anzeichen, die die Bourgeoisie, den Adel und die armseligen Rückschrittspropheten in Verwirrung bringen, erkennen wir unsern wackern Freund Robin Goodfellow, den alten Maulwurf, der so hurtig wühlen kann, den trefflichen Minierer – die Revolution. Die englischen Arbeiter sind die erstgeborenen Söhne der modernen Industrie. Sie werden also gewiß nicht die letzten sein, der durch diese Industrie erzeugten sozialen Revolution zu helfen, einer Revolution, die die Emanzipation ihrer eignen Klasse in der ganzen Welt bedeutet, die so universal ist wie die Herrschaft des Kapitals und die Lohnsklaverei. Ich kenne die heldenmütigen Kämpfe, die die englische Arbeiterklasse seit Mitte des vorigen Jahrhunderts bestanden hat – Kämpfe, nur darum weniger berühmt, weil sie in Dunkel gehüllt sind und die bürgerlichen Historiker sie vertuschen.

Im Mittelalter gab es in Deutschland ein geheimes Gericht, Femegericht genannt. Es existierte, um die Untaten der herrschenden Klasse zu rächen. Wenn man ein Haus mit einem roten Kreuz gezeichnet fand, so wußte man, daß der Besitzer von der Feme verurteilt war. Alle Häuser Europas sind jetzt mit dem geheimnisvollen roten Kreuz gezeichnet. Die Geschichte ist der Richter – ihr Urteilsvollstrecker der Proletarier.

(1856, MEW, Bd. 12)

Widerstreit der Klassen

Aus: *Das Elend der Philosophie*

Die Ökonomen verfahren auf eine sonderbare Art. Es gibt für sie nur zwei Arten von Institutionen, künstliche und natürliche. Die Institutionen des Feudalismus sind künstliche Institutionen, die der Bourgeoisie natürliche. Sie gleichen darin den Theologen, die auch zwei Arten von Religionen unterscheiden. Jede Religion, die nicht die ihre ist, ist eine Erfindung der Menschen, während ihre eigene Religion eine Offenbarung Gottes ist. Wenn die Ökonomen sagen, daß die gegenwärtigen Verhältnisse – die Verhältnisse der bürgerlichen Produktion – natürliche sind, so geben sie damit zu verstehen, daß es Verhältnisse sind, in denen die Erzeugung des Reichtums und die Entwicklung der Produktivkräfte sich gemäß den Naturgesetzen vollziehen. Somit sind diese Verhältnisse selbst von dem Einfluß der Zeit unabhängige Naturgesetze. Es sind ewige Gesetze, welche stets die Gesellschaft zu regieren haben. Somit hat es eine Geschichte gegeben, aber es gibt keine mehr; es hat eine Geschichte gegeben, weil feudale Einrichtungen bestanden haben und weil man in diesen feudalen Einrichtungen Produktionsverhältnisse findet, vollständig verschieden von denen der bürgerlichen Gesellschaft, welche die Ökonomen als natürliche und demgemäß ewige angesehen wissen wollen.

Auch der Feudalismus hatte sein Proletariat – die Leibeigenschaft, welche die Keime des Bürgertums enthielt. Auch die feudale Produktion hatte zwei antagonistische Elemente, die man gleichfalls als *gute* und *schlechte Seite* des Feudalismus bezeichnet, ohne zu berücksichtigen, daß es stets die schlechte Seite ist, welche schließlich den Sieg über die gute Seite davonträgt. Die schlechte Seite ist es, welche die Bewegung ins Leben ruft, welche die Geschichte macht, dadurch, daß sie den Kampf zeitigt. Hätten zur Zeit der Herrschaft des Feudalismus die Ökonomen, begeistert von den ritterlichen Tugenden, von der schönen Harmonie zwischen Rechten und Pflichten, von dem patriarchalischen Leben der Städte, von dem Blühen der Hausindustrie auf dem Lande, von der Entwicklung der in Korporationen, Zünften, Innungen organisierten Industrie, mit einem Wort von allem, was die schöne Seite des Feudalismus bildet, sich das Problem gestellt, alles auszumerzen, was einen Schatten auf dies Bild wirft – Leibeigenschaft, Privilegien, Anarchie –, wohin wären sie damit gekommen? Man hätte alle Elemente vernichtet, welche den Kampf hervorriefen, man hätte die Entwicklung der Bourgeoisie im Keime erstickt. Man hätte sich das absurde Problem gestellt, die Geschichte auszustreichen.

Als die Bourgeoisie obenauf gekommen war, fragte man weder nach der guten noch nach der schlechten Seite des Feudalismus. Die Produktivkräfte, welche sich durch sie unter dem Feudalismus entwickelt hatten, fielen ihr zu. Alle alten ökonomischen Formen, die privatrechtlichen Beziehungen, welche ihnen entsprachen, der politische Zustand, welcher der offizielle Ausdruck der alten Gesellschaft war, wurden zerbrochen.

Will man somit die feudale Produktion richtig beurteilen, so muß man sie als eine auf dem Gegensatz basierte Produktionsweise betrachten. Man muß zeigen, wie der Reichtum innerhalb dieses Gegensatzes produziert wurde, wie die Produktivkräfte sich gleichzeitig mit dem Widerstreit der Klassen entwickelten, wie die eine dieser Klassen, die schlechte Seite, das gesellschaftliche Übel, stets anwuchs, bis die materiellen Bedingungen ihrer Emanzipation zur Reife gediehen waren. Sagt das nicht deutlich genug, daß die Produktionsweise, die Verhältnisse, in denen die Produktivkräfte sich entwickeln, nichts weniger als ewige Gesetze sind, sondern einem bestimmten Entwicklungszustande der Menschen und ihrer Produktivkräfte entsprechen und daß eine in den Produktivkräften der Menschen eingetretene Veränderung notwendigerweise eine Veränderung in ihren Produktionsverhältnissen herbeiführt? Da es vor allen Dingen darauf ankommt, nicht von den Früchten der Zivilisation, den erworbenen Produktivkräften ausgeschlossen zu sein, so wird es notwendig, die überkommenen Formen, in welchen sie geschaffen worden, zu zerbrechen. Von diesem Augenblick an wird die revolutionäre Klasse konservativ.

Die Bourgeoisie beginnt mit einem Proletariat, das selbst wiederum ein Überbleibsel des Proletariats des Feudalismus ist. In dem Verlauf ihrer historischen Entwicklung entwickelt die Bourgeoisie notwendigerweise ihren antagonistischen Charakter, der sich bei ihrem ersten Auftreten mehr oder minder verhüllt vorfindet, nur im latenten Zustande existiert. In dem Maße, wie die Bourgeoisie sich entwickelt, entwickelt sich in ihrem Schoße ein neues Proletariat, ein modernes Proletariat: Es entwickelt sich ein Kampf zwischen der Proletarierklasse und der Bourgeoisklasse, ein Kampf, der, bevor er auf beiden Seiten empfunden, bemerkt, gewürdigt, begriffen, eingestanden und endlich laut proklamiert wird, sich vorläufig nur in teilweisen und vorübergehenden Konflikten, in Zerstörungswerken äußert. Anderseits, wenn alle Angehörigen der modernen Bourgeoisie das gleiche Interesse haben, insoweit sie eine Klasse gegenüber einer anderen Klasse bilden, so haben sie entgegengesetzte, widerstreitende Interessen, sobald sie selbst einander gegenüberstehen. Dieser Interessengegensatz geht aus den ökonomischen Bedingungen ihres bürgerlichen Lebens hervor. Von Tag zu Tag wird es somit klarer, daß die Produktionsverhältnisse, in denen sich die Bourgeoisie bewegt, nicht einen einheitlichen, einfachen Charakter haben, sondern einen zwieschlächtigen; daß in denselben Verhältnissen, in denen der Reichtum produziert wird, auch das Elend produziert wird; daß in denselben Verhältnissen, in denen die Entwicklung der Produktivkräfte vor sich geht, sich eine Repressionskraft entwickelt; daß diese Verhältnisse den *bürgerlichen Reichtum*, d. h. den Reichtum der Bourgeoisklasse, nur erzeugen unter fortgesetzter Vernichtung des Reichtums einzelner Glieder dieser Klasse und unter Schaffung eines stets wachsenden Proletariats. [...]

Wie die *Ökonomen* die wissenschaftlichen Vertreter der Bourgeoisklasse sind, so sind die *Sozialisten* und *Kommunisten* die Theoretiker der Klasse des Proletariats. Solange das Proletariat noch nicht genügend entwickelt ist, um sich als Klasse zu konstituieren, und daher der Kampf des Proletariats mit der Bourgeoisie noch keinen politischen Charakter trägt; solange die Produktivkräfte noch im Schoße der Bourgeoisie selbst nicht genügend entwickelt sind, um die materiellen Bedingungen durchscheinen zu lassen, die notwendig sind zur Befreiung des Proletariats und zur Bildung einer neuen Gesellschaft – solange sind diese Theoretiker nur Utopisten, die, um den Bedürfnissen der unterdrückten Klassen abzuhelfen, Systeme ausdenken und nach einer regenerierenden Wissenschaft suchen. Aber in dem Maße, wie die Geschichte vorschreitet und mit ihr der Kampf des Proletariats sich deutlicher abzeichnet, haben sie nicht mehr nötig, die Wissenschaft in ihrem Kopfe zu suchen; sie haben nur sich Rechenschaft abzulegen von dem, was sich vor ihren Augen abspielt, und sich zum Organ desselben zu machen. Solange sie die Wissenschaft suchen und nur Systeme machen, solange sie im Beginn des Kampfes sind, sehen sie im Elend nur das Elend, ohne die revolutionäre umstürzende Seite darin zu erblicken, welche die alte Gesellschaft über den Haufen werfen wird. Von diesem Augenblick an wird die Wissenschaft bewußtes Erzeugnis der historischen Bewegung, und sie hat aufgehört, doktrinär zu sein, sie ist revolutionär geworden.　　*(1847, MEW, Bd. 4)*

Der reine Geist und sein Fluch

Aus: *Die deutsche Ideologie* (mit Friedrich Engels)

Wir müssen bei den voraussetzungslosen Deutschen damit anfangen, daß wir die erste Voraussetzung aller menschlichen Existenz, also auch aller Geschichte konstatieren, nämlich die Voraussetzung, daß die Menschen imstande sein müssen zu leben,
um »Geschichte machen« zu können. Zum Leben aber gehört
vor allem Essen und Trinken, Wohnung, Kleidung und noch
einges andere. Die erste geschichtliche Tat ist also die Erzeugung der Mittel zur Befriedigung dieser Bedürfnisse, die Produktion des materiellen Lebens selbst, und zwar ist dies eine geschichtliche Tat, eine Grundbedingung aller Geschichte, die
noch heute, wie vor Jahrtausenden, täglich und stündlich erfüllt
werden muß, um die Menschen nur am Leben zu erhalten. [...]
Das erste also bei aller geschichtlichen Auffassung ist, daß man
diese Grundtatsache in ihrer ganzen Bedeutung und ihrer ganzen Ausdehnung beobachtet und zu ihrem Rechte kommen läßt.
Dies haben die Deutschen bekanntlich nie getan, daher nie eine
irdische Basis für die Geschichte und folglich nie einen Historiker gehabt. Die Franzosen und Engländer, wenn sie auch den
Zusammenhang dieser Tatsache mit der sogenannten Geschichte nur höchst einseitig auffaßten, namentlich solange sie
in der politischen Ideologie befangen waren, so haben sie doch
immerhin die ersten Versuche gemacht, der Geschichtschrei-
bung eine materialistische Basis zu geben, indem sie zuerst Ge-
schichten der bürgerlichen Gesellschaft, des Handels und der
Industrie schrieben. – Das zweite ist, daß das befriedigte erste
Bedürfnis selbst, die Aktion der Befriedigung und das schon er-
worbene Instrument der Befriedigung zu neuen Bedürfnissen
führt – und diese Erzeugung neuer Bedürfnisse ist die erste geschichtliche Tat. Hieran zeigt sich sogleich, wes Geistes Kind die
große historische Weisheit der Deutschen ist, die da, wo ihnen
das positive Material ausgeht und wo weder theologischer noch
politischer noch literarischer Unsinn verhandelt wird, gar keine
Geschichte, sondern die »vorgeschichtliche Zeit« sich ereignen
lassen, ohne uns indes darüber aufzuklären, wie man aus diesem
Unsinn der »Vorgeschichte« in die eigentliche Geschichte
kommt – obwohl auf der andern Seite ihre historische Spekulation sich ganz besonders auf die »Vorgeschichte« wirft, weil sie
da sicher zu sein glaubt vor den Eingriffen des »rohen Faktums«

und zugleich weil sie hier ihrem spekulierenden Triebe alle Zügel schießen lassen und Hypothesen zu Tausenden erzeugen und umstoßen kann. – Das dritte Verhältnis, was hier gleich von vornherein in die geschichtliche Entwicklung eintritt, ist das, daß die Menschen, die ihr eignes Leben täglich neu machen, anfangen, andre Menschen zu machen, sich fortzupflanzen – das Verhältnis zwischen Mann und Weib, Eltern und Kindern, die *Familie*. Diese Familie, die im Anfange das einzige soziale Verhältnis ist, wird späterhin, wo die vermehrten Bedürfnisse neue gesellschaftliche Verhältnisse, und die vermehrte Menschenzahl neue Bedürfnisse erzeugen, zu einem untergeordneten (ausgenommen in Deutschland) und muß alsdann nach den existierenden empirischen Daten, nicht nach dem »Begriff der Familie«, wie man in Deutschland zu tun pflegt, behandelt und entwickelt werden. Übrigens sind diese drei Seiten der sozialen Tätigkeit nicht als drei verschiedene Stufen zu fassen, sondern eben nur als drei Seiten, oder um für die Deutschen klar zu schreiben, drei »Momente«, die vom Anbeginn der Geschichte an und seit den ersten Menschen zugleich existiert haben und sich noch heute in der Geschichte geltend machen. – Die Produktion des Lebens, sowohl des eignen in der Arbeit wie des fremden in der Zeugung, erscheint nun schon sogleich als ein doppeltes Verhältnis – einerseits als natürliches, andrerseits als gesellschaftliches Verhältnis – gesellschaftlich in dem Sinne, als hierunter das Zusammenwirken mehrerer Individuen, gleichviel unter welchen Bedingungen, auf welche Weise und zu welchem Zweck, verstanden wird. Hieraus geht hervor, daß eine bestimmte Produktionsweise oder industrielle Stufe stets mit einer bestimmten Weise des Zusammenwirkens oder gesellschaftlichen Stufe vereinigt ist, und diese Weise des Zusammenwirkens ist selbst eine »Produktivkraft«, daß die Menge der den Menschen zugänglichen Produktivkräfte den gesellschaftlichen Zustand bedingt und also die »Geschichte der Menschheit« stets im Zusammenhange mit der Geschichte der Industrie und des Austausches studiert und bearbeitet werden muß. Es ist aber auch klar, wie es in Deutschland unmöglich ist, solche Geschichte zu schreiben, da den Deutschen dazu nicht nur die Auffassungsfähigkeit und das Material, sondern auch die sinnliche »Gewißheit« abgeht, und man jenseits des Rheins über diese Dinge keine Erfahrungen machen kann, weil dort keine Geschichte mehr vorgeht. Es zeigt sich also schon von vornherein ein materialistischer Zusammenhang der Menschen untereinander, der durch die Bedürfnisse und die Weise der Produktion bedingt und so alt ist wie die Menschen selbst – ein Zusammenhang, der stets neue Formen annimmt und also eine »Geschichte« darbietet, auch ohne daß irgendein politischer oder religiöser Nonsens existiert, der die Menschen noch extra zusammenhalte. – Jetzt erst, nachdem wir bereits vier Momente, vier Seiten der ursprünglichen, geschichtlichen Verhältnisse betrachtet haben, finden wir, daß der Mensch auch »Bewußtsein« hat. Aber auch dies nicht von vornherein, als »reines« Bewußtsein. Der »Geist« hat von vornherein den Fluch an sich, mit der Materie »behaftet« zu sein, die hier in der Form von bewegten Luftschichten, Tönen, kurz der Sprache auftritt. Die Sprache ist so alt wie das Bewußtsein – die Sprache *ist* das praktische, auch für andre Menschen existierende, also auch für mich selbst erst existierende wirkliche Bewußtsein, und die Sprache entsteht, wie das Bewußtsein, erst aus dem Bedürfnis, der Notdurft des Verkehrs mit andern Menschen. Wo ein Verhältnis existiert, da existiert es für mich, das Tier *»verhält«* sich zu nichts und überhaupt nichts. Für das Tier existiert sein Verhältnis zu andern nicht als Verhältnis. Das Bewußtsein ist also von vornherein schon ein gesellschaftliches Produkt und bleibt es, solange überhaupt Menschen existieren. Das Bewußtsein ist natürlich zuerst bloß Bewußtsein über die *nächste* sinnliche Umgebung und Bewußtsein des bornierten Zusammenhanges mit andern Personen und Dingen außer dem sich bewußt werdenden Individuum; es ist zu gleicher Zeit Bewußtsein der Natur, die den Menschen anfangs als eine durchaus fremde, allmächtige und unangreifbare Macht gegenübertritt, zu der sich die Menschen rein tierisch verhalten, von der sie sich imponieren lassen wie das Vieh; und also ein rein tierisches Bewußtsein der Natur (Naturreligion). – Man sieht hier sogleich: Diese Naturreligion oder dies bestimmte Verhalten zur Natur ist bedingt durch die Gesellschaftsform und umgekehrt. Hier wie überall tritt die Identität von Natur und Mensch auch so hervor, daß das bornierte Verhalten der Menschen zur Natur ihr borniertes Verhalten zueinander, und ihr borniertes Verhalten zueinander ihr borniertes Verhältnis zur Natur bedingt, eben weil die Natur noch kaum geschichtlich modifiziert ist, und andrerseits Bewußtsein der Notwendigkeit, mit den umgebenden Individuen in Verbindung zu treten, der Anfang des Bewußtseins darüber, daß er überhaupt in einer Gesellschaft lebt. Dieser Anfang ist so tierisch wie das gesellschaftliche Leben dieser Stufe selbst, er ist bloßes Herdenbewußtsein, und der Mensch unterscheidet sich hier vom Hammel nur dadurch, daß sein Bewußtsein ihm die

Stelle des Instinkts vertritt, oder daß sein Instinkt ein bewußter ist. Dieses Hammel- oder Stammbewußtsein erhält seine weitere Entwicklung und Ausbildung durch die gesteigerte Produktivität, die Vermehrung der Bedürfnisse und die beiden zum Grunde liegende Vermehrung der Bevölkerung. Damit entwickelt sich die Teilung der Arbeit, die ursprünglich nichts war als die Teilung der Arbeit im Geschlechtsakt, dann Teilung der Arbeit, die sich vermöge der natürlichen Anlage (z. B. Körperkraft), Bedürfnisse, Zufälle etc. etc. von selbst oder »naturwüchsig« macht. Die Teilung der Arbeit wird erst wirklich Teilung von dem Augenblicke an, wo eine Teilung der materiellen und geistigen Arbeit eintritt. Von diesem Augenblick an *kann* sich das Bewußtsein wirklich einbilden, etwas andres als das Bewußtsein der bestehenden Praxis zu sein, *wirklich* etwas vorzustellen, ohne etwas Wirkliches vorzustellen – von diesem Augenblicke an ist das Bewußtsein imstande, sich von der Welt zu emanzipieren und zur Bildung der »reinen« Theorie, Theologie, Philosophie, Moral etc. überzugehen. [...]

Übrigens ist es ganz einerlei, was das Bewußtsein alleene anfängt, wir erhalten aus diesem ganzen Dreck nur das eine Resultat, daß diese drei Momente, die Produktionskraft, der gesellschaftliche Zustand und das Bewußtsein, in Widerspruch untereinander geraten können und müssen, weil mit der *Teilung der Arbeit* die Möglichkeit, ja die Wirklichkeit gegeben ist, daß die geistige und materielle Tätigkeit – daß der Genuß und die Arbeit, Produktion und Konsumtion, verschiedenen Individuen zufallen, und die Möglichkeit, daß sie nicht in Widerspruch geraten, nur darin liegt, daß die Teilung der Arbeit wieder aufgehoben wird. Es versteht sich übrigens von selbst, daß die »Gespenster«, »Bande«, »höheres Wesen«, »Begriff«, »Bedenklichkeit« bloß der idealistische geistliche Ausdruck, die Vorstellung scheinbar des vereinzelten Individuums sind, die Vorstellung von sehr empirischen Fesseln und Schranken, innerhalb deren sich die Produktionsweise des Lebens und die damit zusammenhängende Verkehrsform bewegt.

Mit der Teilung der Arbeit, in welcher alle diese Widersprüche gegeben sind und welche ihrerseits wieder auf der naturwüchsigen Teilung der Arbeit in der Familie und der Trennung der Gesellschaft in einzelne, einander entgegengesetzte Familien beruht, ist zu gleicher Zeit auch die *Ver*teilung, und zwar die *ungleiche,* sowohl quantitative wie qualitative Verteilung der Arbeit und ihrer Produkte gegeben, also das Eigentum, das in der Familie, wo die Frau und die Kinder die Sklaven des

Mannes sind, schon seinen Keim, seine erste Form hat. Die freilich noch sehr rohe, latente Sklaverei in der Familie ist das erste Eigentum, das übrigens hier schon vollkommen der Definition der modernen Ökonomen entspricht, nach der es die Verfügung über fremde Arbeitskraft ist. Übrigens sind Teilung der Arbeit und Privateigentum identische Ausdrücke – in dem einen wird in Beziehung auf die Tätigkeit dasselbe ausgesagt, was in dem andern in bezug auf das Produkt der Tätigkeit ausgesagt wird. – Ferner ist mit der Teilung der Arbeit zugleich der Widerspruch zwischen dem Interesse des einzelnen Individuums oder der einzelnen Familie und dem gemeinschaftlichen Interesse aller Individuen, die miteinander verkehren, gegeben; und zwar existiert dies gemeinschaftliche Interesse nicht etwa bloß in der Vorstellung, als »Allgemeines«, sondern zuerst in der Wirklichkeit als gegenseitige Abhängigkeit der Individuen, unter denen die Arbeit geteilt ist. Und endlich bietet uns die Teilung der Arbeit gleich das erste Beispiel davon dar, daß, solange die Menschen sich in der naturwüchsigen Gesellschaft befinden, solange also die Spaltung zwischen dem besondern und gemeinsamen Interesse existiert, solange die Tätigkeit also nicht freiwillig, sondern naturwüchsig geteilt ist, die eigne Tat des Menschen ihm zu einer fremden, gegenüberstehenden Macht wird, die ihn unterjocht, statt daß er sie beherrscht. Sowie nämlich die Arbeit verteilt zu werden anfängt, hat jeder einen bestimmten ausschließlichen Kreis der Tätigkeit, der ihm aufgedrängt wird, aus dem er nicht heraus kann; er ist Jäger, Fischer oder Hirt oder kritischer Kritiker und muß es bleiben, wenn er nicht die Mittel zum Leben verlieren will – während in der kommunistischen Gesellschaft, wo jeder nicht einen ausschließlichen Kreis der Tätigkeit hat, sondern sich in jedem beliebigen Zweige ausbilden kann, die Gesellschaft die allgemeine Produktion regelt und mir eben dadurch möglich macht, heute dies, morgen jenes zu tun, morgens zu jagen, nachmittags zu fischen, abends Viehzucht zu treiben, nach dem Essen zu kritisieren, wie ich gerade Lust habe, ohne je Jäger, Fischer, Hirt oder Kritiker zu werden. Dieses Sichfestsetzen der sozialen Tätigkeit, diese Konsolidation unsres eignen Produkts zu einer sachlichen Gewalt über uns, die unsrer Kontrolle entwächst, unsre Erwartungen durchkreuzt, unsre Berechnungen zunichte macht, ist eines der Hauptmomente in der bisherigen geschichtlichen Entwicklung, und eben aus diesem Widerspruch des besondern und gemeinschaftlichen Interesses nimmt das gemeinschaftliche Interesse als *Staat* eine selbständige Gestaltung, getrennt von den wirklichen Einzel-

und Gesamtinteressen, an, und zugleich als illusorische Gemeinschaftlichkeit, aber stets auf der realen Basis der in jedem Familien- und Stamm-Konglomerat vorhandenen Bänder, wie Fleisch und Blut, Sprache, Teilung der Arbeit im größeren Maßstabe und sonstigen Interessen – und besonders, wie wir später entwickeln werden, der durch die Teilung der Arbeit bereits bedingten Klassen, die in jedem derartigen Menschenhaufen sich absondern und von denen eine alle andern beherrscht. Hieraus folgt, daß alle Kämpfe innerhalb des Staats, der Kampf zwischen Demokratie, Aristokratie und Monarchie, der Kampf um das Wahlrecht etc. etc., nichts als die illusorischen Formen sind, in denen die wirklichen Kämpfe der verschiednen Klassen untereinander geführt werden (wovon die deutschen Theoretiker nicht eine Silbe ahnen, trotzdem daß man ihnen in den »Deutsch-Französischen Jahrbüchern« und der »Heiligen Familie« dazu Anleitung genug gegeben hatte), und ferner, daß jede nach der Herrschaft strebende Klasse, wenn ihre Herrschaft auch, wie dies beim Proletariat der Fall ist, die Aufhebung der ganzen alten Gesellschaftsform und der Herrschaft überhaupt bedingt, sich zuerst die politische Macht erobern muß, um ihr Interesse wieder als das Allgemeine, wozu sie im ersten Augenblick gezwungen ist, darzustellen. Eben weil die Individuen *nur* ihr besondres, für sie nicht mit ihrem gemeinschaftlichen Interesse zusammenfallendes suchen, überhaupt das Allgemeine illusorische Form der Gemeinschaftlichkeit, wird dies als ein ihnen »fremdes« und von ihnen »unabhängiges«, als ein selbst wieder besonderes und eigentümliches »Allgemein«-Interesse geltend gemacht, oder sie selbst müssen sich in diesem Zwiespalt bewegen, wie in der Demokratie. Andrerseits macht denn auch der *praktische* Kampf dieser beständig *wirklich* den gemeinschaftlichen und illusorischen gemeinschaftlichen Interessen entgegentretenden Sonderinteressen die *praktische* Dazwischenkunft und Zügelung durch das illusorische »Allgemein«-Interesse als Staat nötig. Die soziale Macht, d. h. die vervielfachte Produktionskraft, die durch das in der Teilung der Arbeit bedingte Zusammenwirken der verschiedenen Individuen entsteht, erscheint diesen Individuen, weil das Zusammenwirken selbst nicht freiwillig, sondern naturwüchsig ist, nicht als ihre eigne, vereinte Macht, sondern als eine fremde, außer ihnen stehende Gewalt, von der sie nicht wissen woher und wohin, die sie also nicht mehr beherrschen können, die im Gegenteil nun eine eigentümliche, vom Wollen und Laufen der Menschen unabhängige, ja dies Wollen und Laufen erst dirigierende Reihen-

folge von Phasen und Entwicklungsstufen durchläuft. Diese
»Entfremdung«, um den Philosophen verständlich zu bleiben,
kann natürlich nur unter zwei *praktischen* Voraussetzungen aufgehoben werden. Damit sie eine »unerträgliche« Macht werde,
d. h. eine Macht, gegen die man revolutioniert, dazu gehört, daß
sie die Masse der Menschheit als durchaus »eigentumslos« erzeugt hat und zugleich im Widerspruch zu einer vorhandnen
Welt des Reichtums und der Bildung, was beides eine große
Steigerung der Produktivkraft, einen hohen Grad ihrer Entwicklung voraussetzt – und andrerseits ist diese Entwicklung
der Produktivkräfte (womit zugleich schon die in *weltgeschicht-
lichem*, statt der in lokalem Dasein der Menschen vorhandne
empirische Existenz gegeben ist) auch deswegen eine absolut
notwendige praktische Voraussetzung, weil ohne sie nur der
Mangel verallgemeinert, also mit der *Notdurft* auch der Streit
um das Notwendige wieder beginnen und die ganze alte Scheiße
sich herstellen müßte, weil ferner nur mit dieser universellen
Entwicklung der Produktivkräfte ein *universeller* Verkehr der
Menschen gesetzt ist, daher einerseits das Phänomen der »ei-
gentumslosen« Masse in allen Völkern gleichzeitig erzeugt (allgemeine Konkurrenz), jedes derselben von den Umwälzungen
der andern abhängig macht, und endlich *weltgeschichtliche*, empirisch universelle Individuen an die Stelle der lokalen gesetzt
hat. Ohne dies könnte 1. der Kommunismus nur als eine Lokali-
tät existieren, 2. die *Mächte* des Verkehrs selbst hätten sich als
universelle, drum unerträgliche Mächte nicht entwickeln können, sie wären heimisch-abergläubige »Umstände« geblieben,
und 3. würde jede Erweiterung des Verkehrs den lokalen Kommunismus aufheben. Der Kommunismus ist empirisch nur als
die Tat der herrschenden Völker »auf einmal« und gleichzeitig
möglich, was die universelle Entwicklung der Produktivkraft
und den mit ihm zusammenhängenden Weltverkehr voraussetzt. Wie hätte sonst z. B. das Eigentum überhaupt eine Geschichte haben, verschiedene Gestalten annehmen, und etwa
das Grundeigentum je nach der verschiedenen vorliegenden
Voraussetzung in Frankreich aus der Parzellierung zur Zentralisation in wenigen Händen, in England aus der Zentralisation in
wenigen Händen zur Parzellierung drängen können, wie dies
heute wirklich der Fall ist? Oder wie kommt es, daß der Handel,
der doch weiter nichts ist als der Austausch der Produkte ver-
schiedner Individuen und Länder, durch das Verhältnis von
Nachfrage und Zufuhr die ganze Welt beherrscht – ein Verhältnis, das, wie ein englischer Ökonom sagt, gleich dem antiken

Schicksal über der Erde schwebt und mit unsichtbarer Hand Glück und Unglück an die Menschen verteilt, Reiche stiftet und Reiche zertrümmert, Völker entstehen und verschwinden macht –, während mit der Aufhebung der Basis, des Privateigentums, mit der kommunistischen Regelung der Produktion und der darin liegenden Vernichtung der Fremdheit, mit der sich die Menschen zu ihrem eignen Produkt verhalten, die Macht des Verhältnisses von Nachfrage und Zufuhr sich in nichts auflöst und die Menschen den Austausch, die Produktion, die Weise ihres gegenseitigen Verhaltens wieder in ihre Gewalt bekommen?

Der Kommunismus ist für uns nicht ein *Zustand*, der hergestellt werden soll, ein *Ideal*, wonach die Wirklichkeit sich zu richten haben (wird). Wir nennen Kommunismus die *wirkliche* Bewegung, welche den jetzigen Zustand aufhebt. Die Bedingungen dieser Bewegung ergeben sich aus der jetzt bestehenden Voraussetzung. Übrigens setzt die Masse von *bloßen* Arbeitern – massenhafte von Kapital oder von irgendeiner bornierten Befriedigung abgeschnittne Arbeiterkraft –, und darum auch der nicht mehr temporäre Verlust dieser Arbeit selbst als einer gesicherten Lebensquelle, durch die Konkurrenz den *Weltmarkt* voraus. Das Proletariat kann also nur *weltgeschichtlich* existieren, wie der Kommunismus, seine Aktion, nur als »weltgeschichtliche« Existenz überhaupt vorhanden sein kann; weltgeschichtliche Existenz der Individuen, d. h. Existenz der Individuen, die unmittelbar mit der Weltgeschichte verknüpft ist.

Die durch die auf allen bisherigen geschichtlichen Stufen vorhandenen Produktionskräfte bedingte und sie wiederum bedingende Verkehrsform ist die *bürgerliche Gesellschaft*, die, wie schon aus dem Vorhergehenden hervorgeht, die einfache Familie und die zusammengesetzte Familie, das sogenannte Stammwesen zu ihrer Voraussetzung und Grundlage hat, und deren nähere Bestimmungen im Vorhergehenden enthalten sind. Es zeigt sich schon hier, daß diese bürgerliche Gesellschaft der wahre Herd und Schauplatz aller Geschichte ist, und wie widersinnig die bisherige, die wirklichen Verhältnisse vernachlässigende Geschichtsauffassung mit ihrer Beschränkung auf hochtönende Haupt- und Staatsaktionen ist. Die bürgerliche Gesellschaft umfaßt den gesamten materiellen Verkehr der Individuen innerhalb einer bestimmten Entwicklungsstufe der Produktivkräfte. Sie umfaßt das gesamte kommerzielle und industrielle Leben einer Stufe und geht insofern über den Staat und die Nation hinaus, obwohl sie andrerseits wieder nach außen hin als Nationalität sich geltend machen, nach innen als Staat sich gliedern muß. Das Wort bürgerliche Gesellschaft kam auf im achtzehnten Jahrhundert, als die Eigentumsverhältnisse bereits aus dem antiken und mittelalterlichen Gemeinwesen sich herausgearbeitet hatten. Die bürgerliche Gesellschaft als solche entwickelt sich erst mit der Bourgeoisie; die unmittelbar aus der Produktion und dem Verkehr sich entwickelnde gesellschaftliche Organisation, die zu allen Zeiten die Basis des Staats und der sonstigen idealistischen Superstruktur bildet, ist indes fortwährend mit demselben Namen bezeichnet worden.

(1845, MEW, Bd. 13)

Brief an Joseph Weydemeyer

5. März 1852
28, Dean Street, Soho, London

Lieber Weywy!

Dein Artikel gegen Heinzen, den Engels mir leider zu spät zugeschickt, ist sehr gut, zugleich grob und *fein*, und diese Vereinigung gehört zu einer Polemik, die des Namens wert sein soll. Ich habe diesen Artikel E[rnest] Jones mitgeteilt, und Du erhältst beiliegend von ihm eine für den Druck bestimmte Zuschrift an Dich. Da Jones sehr undeutlich schreibt, abkürzt, und da ich unterstelle, daß Du noch kein out-and-out-Engländer bist, schicke ich Dir mit dem Originale zugleich die Kopie von der Hand meiner Frau und zugleich die deutsche Übersetzung, indem Du beides nebeneinander abdrucken mußt, Original und Übersetzung. [...]

Wie wenig in den Vereinigten Staaten die bürgerliche Gesellschaft herangereift ist, um den Klassenkampf anschaulich und verständlich zu machen, davon liefert den glänzenden Beweis *C.H. Carey* (von Philadelphia), der einzig bedeutende nordamerikanische Ökonom. Er greift *Ricardo*, den klassischsten Vertreter der Bourgeoisie und den stoischsten Gegner des Proletariats an, als einen Mann, dessen Werk das Arsenal für Anarchisten, Sozialisten, für alle Feinde der bürgerlichen Ordnung sei. Er wirft nicht nur ihm, er wirft Malthus, Mill, Say, Torrens, Wakefield, MacCulloch, Senior, Whately, R. Jones etc. vor, diesen ökonomischen Reigenführern in Europa, daß sie die Gesellschaft zerreißen und den Bürgerkrieg vorbereiten durch ihren Nachweis, daß die ökonomischen Grundlagen der verschiednen Klassen einen notwendigen und stets wachsenden Antagonismus unter ihnen hervorrufen müssen. Er sucht sie zu widerlegen, zwar nicht, wie der alberne Heinzen, indem er die Existenz von Klassen an das Dasein *politischer* Privilegien und *Monopole* knüpft, sondern indem er dartun will, daß die *ökonomischen* Bedingungen: Rente (Grundeigentum), Profit (Kapital) und Arbeitslohn (Lohnarbeit), statt Bedingungen des Kampfes und des Antagonismus zu sein, vielmehr Bedingungen der Assoziation und der Harmonie sind. Er beweist natürlich nur, daß die »unentwickelten« Verhältnisse in den Vereinigten Staaten ihm für »Normalverhältnisse« gelten.

Was mich nun betrifft, so gebührt mir nicht das Verdienst, weder die Existenz der Klassen in der modernen Gesellschaft noch ihren Kampf unter sich entdeckt zu haben. Bürgerliche Geschichtsschreiber hatten längst vor mir die historische Entwicklung dieses Kampfes der Klassen, und bürgerliche Ökonomen die ökonomische Anatomie derselben dargestellt. Was ich neu tat, war 1. nachzuweisen, daß die Existenz der Klassen bloß an *bestimmte historische Entwicklungsphasen der Produktion* gebunden ist; 2. daß der Klassenkampf notwendig zur *Diktatur des Proletariats* führt; 3. daß diese Diktatur selbst nur den Übergang zur *Aufhebung aller Klassen* und zu einer *klassenlosen Gesellschaft* bildet. Unwissende Lümmel wie Heinzen, die nicht nur den Kampf, sondern sogar die Existenz der Klassen leugnen, beweisen nur, daß trotz allem ihrem bluttriefenden und humanistisch sich aufspreizenden Gebelfer, sie die gesellschaftlichen Bedingungen, worin die Bourgeoisie herrscht, für das letzte Produkt, für das non plus ultra der Geschichte halten, daß sie nur die Knechte der Bourgeoisie sind, eine Knechtschaft, die um so ekelhafter ist, je weniger die Lümmel auch nur die Größe und vorübergehende Notwendigkeit des Bourgeoisregimes selbst begreifen.

Aus den vorstehenden Glossen nimm heraus, was Dir gut scheint. Übrigens hat Heinzen die »Zentralisation« von uns statt seiner »Föderativrepublik« angenommen etc. Wenn die Ansichten, die wir jetzt über Klassen verbreiten, trivial geworden und dem »gemeinen Menschenverstand« als Mobiliar anheimgefallen sind, dann wird der Flegel sie mit großem Lärme als das neuste Produkt seines »eignen Scharfsinns« proklamieren und gegen unsre weitergehende Entwicklung anbellen. So bebellte er mit seinem »eignen Scharfsinn« die Hegelsche Philosophie, solange sie progressiv war. Jetzt nährt er sich mit ihren fad gewordnen und von Ruge wieder unverdaut ausgespuckten Brokken. [...]

Wenn Dein Blatt zustande gekommen ist, so schicke *mehr* Exemplare, damit man sie besser verbreiten kann.

Dein *K. Marx*

(MEW, Bd. 28)

2. KAPITEL

»Politischer Aberglaube« und »wirkliches Leben« – Gesellschaft und Gemeinwesen

Gesellschaftliche Macht in der Tasche
Aus: »Das Kapitel vom Geld« in:
Grundrisse der Kritik der politischen Ökonomie

Die Pariser Kommune
Aus: *Bürgerkrieg in Frankreich*

Über Atome
Aus: *Die heilige Familie*

Sinn des Habens
Aus: *Ökonomisch-philosophische Manuskripte*

Krieg den deutschen Zuständen!
Aus: *Zur Kritik der Hegel'schen Rechtsphilosophie*

Brief an Arnold Ruge

Marx hielt den Citoyen für eine historische Erscheinung, die mit der Klassenspaltung verschwinden müsse. Die Auszüge im folgenden Kapitel zeigen den Kontext seines »anarchistischen« Denkens, sie geben zugleich Zeugnis von seinem Bemühen, das »wirkliche Gemeinwesen«, das gesellschaftliche Leben als Fundament des Staates und des »Ideenhimmels« kritisch, d. h. unter der Perspektive einer Aufhebung des Klassenwiderstreits, zu untersuchen. Im *Geld* entdeckt Marx den wirklichen Zusammenhalt der Gesellschaftsglieder; er verbindet sie aber nur äußerlich, so daß sie sich als egoistische »Atome« wiederfinden. – Die heroisierenden Passagen über die Pariser Kommune durften hier nicht fehlen – obwohl man annehmen muß, daß Marx seinen Traum von der befreiten Gesellschaft ex post in ein kurzes und chaotisches Selbstverwaltungsexperiment hineinprojiziert hat. – Die »Kritik der Hegel'schen Rechtsphilosophie«, eine der berühmtesten Schriften von Marx und eins der bravourösesten Essays deutscher Zunge, zeigt den Revolutionstheoretiker in all seiner Ungeduld mit dem schläfrigen Deutschland und den Spekulationen der Philosophie. Aus dem Brief an Ruge spricht dasselbe Ungestüm. Es geht Marx um die *Praxis.*

Gesellschaftliche Macht in der Tasche

Aus: »Das Kapitel vom Geld« –
Grundrisse der Kritik der politischen Ökonomie

Die Auflösung aller Produkte und Tätigkeiten in Tauschwerte setzt voraus sowohl die Auflösung aller festen persönlichen (historischen) Abhängigkeitsverhältnisse in der Produktion, als die allseitige Abhängigkeit der Produzenten voneinander. Die Produktion sowohl jedes Einzelnen ist abhängig von der Produktion aller andern; als (auch) die Verwandlung seines Produkts in Lebensmittel für ihn selbst abhängig geworden ist von der Konsumtion aller andern. Preise sind alt; ebenso der Austausch; aber sowohl die Bestimmung der einen mehr und mehr durch die Produktionskosten, wie das Übergreifen des andern über alle Produktionsverhältnisse, sind erst vollständig entwickelt, und entwickeln sich stets vollständiger, in der bürgerlichen Gesellschaft, der Gesellschaft der freien Konkurrenz. Was Adam Smith, in echter 18.-Jahrhundertweise in die antehistorische Periode setzt, der Geschichte vorhergehn läßt, ist vielmehr ihr Produkt.

Diese wechselseitige Abhängigkeit ausgedrückt in der beständigen Notwendigkeit des Austauschs und in dem Tauschwert als allseitigem Vermittler. Die Ökonomen drücken das so aus: Jeder verfolgt sein Privatinteresse und nur sein Privatinteresse; und dient dadurch, ohne es zu wollen und zu wissen, den Privatinteressen aller, den allgemeinen Interessen. Der Witz besteht nicht darin, daß, indem jeder sein Privatinteresse verfolgt, die Gesamtheit der Privatinteressen, also das allgemeine Interesse erreicht wird. Vielmehr könnte aus dieser abstrakten Phrase gefolgert werden, daß jeder wechselseitig die Geltendmachung des Interesses der andern hemmt, und statt einer allgemeinen Affirmation, vielmehr eine allgemeine Negation aus diesem bellum ommium contra omnes resultiert. Die Pointe liegt vielmehr darin, daß das Privatinteresse selbst schon ein gesellschaftlich bestimmtes Interesse ist und nur innerhalb der von der Gesellschaft gesetzten Bedingungen und mit den von ihr gegebnen Mitteln erreicht werden kann; also an die Reproduktion dieser Bedingungen und Mittel gebunden ist. Es ist das Interesse der Privaten; aber dessen Inhalt, wie Form und Mittel der Verwirklichung, durch von allen unabhängige gesellschaftliche Bedingungen gegeben.

Die wechselseitige und allseitige Abhängigkeit der gegeneinander gleichgültigen Individuen bildet ihren gesellschaftlichen Zusammenhang. Dieser gesellschaftliche Zusammenhang ist ausgedrückt im *Tauschwert*, worin für jedes Individuum seine eigne Tätigkeit oder sein Produkt erst eine Tätigkeit und ein Produkt für es wird; es muß ein allgemeines Produkt produzieren – den *Tauschwert* oder, diesen für sich isoliert, individualisiert, *Geld.* Andrerseits die Macht, die jedes Individuum über die Tätigkeit der andren oder über die gesellschaftlichen Reichtümer ausübt, besteht in ihm als dem Eigner von *Tauschwerten*, von *Geld.* Es trägt seine gesellschaftliche Macht, wie seinen Zusammenhang mit der Gesellschaft, in der Tasche mit sich. Die Tätigkeit, welches immer ihre individuelle Erscheinungsform, und das Produkt der Tätigkeit, welches immer seine besondre Beschaffenheit, ist der *Tauschwert*, d. h. ein Allgemeines, worin alle Individualität, Eigenheit negiert und ausgelöscht ist. Dieses ist in der Tat ein Zustand sehr verschieden von dem, worin das Individuum oder das in Familie und Stamm (später Gemeinwesen) naturwüchsig oder historisch erweiterte Individuum direkt aus der Natur sich reproduziert oder seine produktive Tätigkeit und sein Anteil an der Produktion an eine bestimmte Form der Arbeit und des Produkts angewiesen ist und sein Verhältnis zu andren eben so bestimmt ist.

Der gesellschaftliche Charakter der Tätigkeit, wie die gesellschaftliche Form des Produkts, wie der Anteil des Individuums an der Produktion erscheint hier als den Individuen gegenüber Fremdes, Sachliches; nicht als das Verhalten ihrer gegeneinander, sondern als ihr Unterordnen unter Verhältnisse, die unabhängig von ihnen bestehn und aus dem Anstoß der gleichgültigen Individuen miteinander entstehn. Der allgemeine Austausch der Tätigkeiten und Produkte, der Lebensbedingung für jedes einzelne Individuum geworden, ihr wechselseitiger Zusammenhang, erscheint ihnen selbst fremd, unabhängig, als eine Sache. Im Tauschwert ist die gesellschaftliche Beziehung der Personen in ein gesellschaftliches Verhalten der Sachen verwandelt; das persönliche Vermögen in ein sachliches. Je weniger gesellschaftliche Kraft das Tauschmittel besitzt, je zusammenhängender es noch mit der Natur des unmittelbaren Arbeitsprodukts und den unmittelbaren Bedürfnissen der Austauschenden ist, um so größer muß noch die Kraft des Gemeinwesens sein, das die Individuen zusammenbindet, patriarchalisches Verhältnis, antikes Gemeinwesen, Feudalismus und Zunftwesen. Jedes Individuum besitzt die gesellschaftliche

Macht unter der Form einer Sache. Raubt der Sache diese gesellschaftliche Macht und ihr müßt sie Personen über die Personen geben. Persönliche Abhängigkeitsverhältnisse (zuerst ganz naturwüchsig) sind die ersten Gesellschaftsformen, in denen sich die menschliche Produktivität nur in geringem Umfang und auf isolierten Punkten entwickelt. Persönliche Unabhängigkeit auf *sachlicher* Abhängigkeit gegründet ist die zweite große Form, worin sich erst ein System des allgemeinen gesellschaftlichen Stoffwechsels, der universalen Beziehungen, allseitiger Bedürfnisse und universeller Vermögen bildet. Freie Individualität, gegründet auf die universelle Entwicklung der Individuen und die Unterordnung ihrer gemeinschaftlichen, gesellschaftlichen Produktivität als ihres gesellschaftlichen Vermögens, ist die dritte Stufe. Die zweite schafft die Bedingungen der dritten. Patriarchalische, wie antike Zustände (ebenso feudale), verfallen daher ebensosehr mit der Entwicklung des Handels, des Luxus, des *Geldes*, des *Tauschwerts*, wie die moderne Gesellschaft in gleichem Schritt mit ihnen emporwächst.

Austausch und Teilung der Arbeit bedingen sich wechselseitig. Da jeder für sich arbeitet und sein Produkt nichts für sich ist, muß er natürlich austauschen, nicht nur, um an dem allgemeinen Produktionsvermögen teilzunehmen, sondern um sein eignes Produkt in ein Lebensmittel für sich selbst zu verwandeln. Der Austausch als vermittelt durch den Tauschwert und das Geld setzt allerdings die allseitige Abhängigkeit der Produzenten voneinander voraus, aber zugleich die völlige Isolierung ihrer Privatinteressen und eine Teilung der gesellschaftlichen Arbeit, deren Einheit und wechselseitige Ergänzung gleichsam als ein Naturverhältnis außer den Individuen, unabhängig von ihnen, existiert. Der Druck der allgemeinen Nachfrage und Zufuhr aufeinander vermittelt den Zusammenhang der gegeneinander Gleichgültigen.

Die Notwendigkeit selbst, das Produkt oder die Tätigkeit der Individuen erst in die Form des *Tauschwerts*, in *Geld*, zu verwandeln, daß sie in dieser *sachlichen* Form ihre gesellschaftliche *Macht* erhalten und beweisen, beweist zweierlei: 1) daß die Individuen nur noch für die Gesellschaft und in der Gesellschaft produzieren; 2) daß ihre Produktion nicht *unmittelbar* gesellschaftlich ist, nicht the offspring of association, die die Arbeit unter sich verteilt. Die Individuen sind unter die gesellschaftliche Produktion subsumiert, die als ein Verhängnis außer ihnen existiert; aber die gesellschaftliche Produktion ist nicht unter die Individuen subsumiert, die sie als ihr gemeinsames Vermögen handhaben. Es kann also nichts falscher und abgeschmackter sein, als auf der Grundlage des *Tauschwerts*, des *Geldes*, die Kontrolle der vereinigten Individuen über ihre Gesamtproduktion vorauszusetzen. [...] Der *private Austausch* aller Arbeitsprodukte, Vermögen und Tätigkeiten steht im Gegensatz sowohl zu der auf Über- und Unterordnung (naturwüchsig und politisch) der Individuen untereinander begründeten Verteilung [...] wie zu dem freien Austausch von Individuen, die assoziiert sind auf der Grundlage der gemeinsamen Aneignung und Kontrolle der Produktionsmittel. (Letztre Assoziation ist nichts Willkürliches: sie setzt die Entwicklung materieller und geistiger Bedingungen voraus, die an diesem Punkt nicht weiter auszuführen sind.) Wie die Teilung der Arbeit Agglomeration, Kombination, Kooperation, den Gegensatz der Privatinteressen, Klasseninteressen, die Konkurrenz, Konzentration des Kapitals, Monopol, Aktiengesellschaften erzeugt – lauter gegensätzliche Formen der Einheit, die den Gegensatz selbst hervorruft –, so erzeugt der Privataustausch den Welthandel, die private Unabhängigkeit eine vollkommne Abhängigkeit vom sogenannten Weltmarkt, und die zersplitterten Akte des Austauschs ein Bank- und Kreditwesen, dessen Buchführung wenigstens die Ausgleichungen des Privataustauschs konstatiert. Im Wechselkurs – sosehr die Privatinteressen jeder Nation sie in ebenso viele Nationen teilen als sie fullgrown individuals besitzt und die Interessen der Exporters und Importers derselben Nation sich hier gegenüberstehn – erhält der Nationalhandel einen *Schein* von Existenz etc. etc. Niemand wird deswegen glauben, durch eine *Börsenreform* die *Grundlagen* des innren oder auswärtigen Privathandels aufheben zu können. Aber innerhalb der bürgerlichen, auf dem *Tauschwert* beruhenden Gesellschaft, erzeugen sich sowohl Verkehrs- als Produktionsverhältnisse, die ebenso viel Minen sind, um sie zu sprengen. (Eine Masse gegensätzlicher Formen der gesellschaftlichen Einheit, deren gegensätzlicher Charakter jedoch nie durch stille Metamorphose zu sprengen ist. Andrerseits, wenn wir nicht in der Gesellschaft, wie sie ist, die materiellen Produktionsbedingungen und ihnen entsprechenden Verkehrsverhältnisse für eine klassenlose Gesellschaft verhüllt vorfänden, wären alle Sprengversuche Donquichoterie).

(1857/8, Grundrisse der Kritik der politischen Ökonomie, Dietz Verlag Ostberlin, 1953)

Die Pariser Kommune

Aus: *Der Bürgerkrieg in Frankreich*

Aber die Arbeiterklasse kann nicht die fertige Staatsmaschinerie einfach in Besitz nehmen und diese für ihre eignen Zwecke in Bewegung setzen.

Die zentralisierte Staatsmacht, mit ihren allgegenwärtigen Organen – stehende Armee, Polizei, Bürokratie, Geistlichkeit, Richterstand, Organe, geschaffen nach dem Plan einer systematischen und hierarchischen Teilung der Arbeit – stammt her aus den Zeiten der absoluten Monarchie, wo sie der entstehenden Bourgeoisgesellschaft als eine mächtige Waffe in ihren Kämpfen gegen den Feudalismus diente. Dennoch blieb ihre Entwicklung gehemmt durch allerhand mittelalterlichen Schutt, grundherrliche und Adelsvorrechte, Lokalprivilegien, städtische und Zunftmonopole und Provinzialverfassungen. Der riesige Besen der französischen Revolution des 18. Jahrhunderts fegte alle diese Trümmer vergangner Zeiten weg und reinigte so gleichzeitig den gesellschaftlichen Boden von den letzten Hindernissen, die dem Überbau des modernen Staatsgebäudes im Wege gestanden. Dies moderne Staatsgebäude erhob sich unter dem ersten Kaisertum, das selbst wieder erzeugt worden war durch die Koalitionskriege des alten halbfeudalen Europas gegen das moderne Frankreich. Während der nachfolgenden Herrschaftsformen wurde die Regierung unter parlamentarische Kontrolle gestellt, d. h. unter die direkte Kontrolle der besitzenden Klassen. Einerseits entwickelte sie sich jetzt zu einem Treibhaus für kolossale Staatsschulden und erdrückende Steuern und wurde vermöge der unwiderstehlichen Anziehungskraft ihrer Amtsgewalt, ihrer Einkünfte und ihrer Stellenvergebung der Zankapfel für die konkurrierenden Fraktionen und Abenteurer der herrschenden Klassen – andrerseits änderte sich ihr politischer Charakter gleichzeitig mit den ökonomischen Veränderungen der Gesellschaft. In dem Maß, wie der Fortschritt der modernen Industrie den Klassengegensatz zwischen Kapital und Arbeit entwickelte, erweiterte, vertiefte, in demselben Maß erhielt die Staatsmacht mehr und mehr den Charakter einer öffentlichen Gewalt zur Unterdrückung der Arbeiterklasse, einer Maschine der Klassenherrschaft. Nach jeder Revolution, die einen Fortschritt des Klassenkampfs bezeichnet, tritt der rein unterdrückende Charakter der Staatsmacht offner und offner hervor. [...]

Das Kaisertum, mit dem Staatsstreich als Geburtsschein, dem allgemeinen Stimmrecht als Beglaubigung und dem Säbel als Zepter, gab vor, sich auf die Bauern zu stützen, auf jene große Masse der Produzenten, die nicht unmittelbar in den Kampf zwischen Kapital und Arbeit verwickelt waren. Es gab vor, die Arbeiterklasse zu retten, indem es den Parlamentarismus brach und mit ihm die unverhüllte Unterwürfigkeit der Regierung unter die besitzenden Klassen. Es gab vor, die besitzenden Klassen zu retten durch Aufrechterhaltung ihrer ökonomischen Hoheit über die Arbeiterklasse; und schließlich gab es vor, alle Klassen zu vereinigen durch die Wiederbelebung des Trugbilds des nationalen Ruhms. In Wirklichkeit war es die einzige mögliche Regierungsform zu einer Zeit, wo die Bourgeoisie die Fähigkeit, die Nation zu beherrschen, schon verloren und wo die Arbeiterklasse diese Fähigkeit noch nicht erworben hatte. Die ganze Welt jauchzte ihm zu als dem Retter der Gesellschaft. Unter seiner Herrschaft erreichte die Bourgeoisgesellschaft, aller politischen Sorgen enthoben, eine von ihr selbst nie geahnte Entwicklung. Ihre Industrie, ihr Handel dehnten sich zu unermeßlichen Verhältnissen aus; der Finanzschwindel feierte kosmopolitische Orgien; das Elend der Massen hob sich grell ab gegenüber den schamlosen Prunk eines gleißenden, überladnen und schuftigriechenden Luxus. Die Staatsmacht, scheinbar hoch über der Gesellschaft schwebend, war dennoch selbst der skandalöseste Skandal dieser Gesellschaft und gleichzeitig die Brutstätte aller ihrer Fäulnis. Ihre eigne Verrottung und die Verrottung der von ihr geretteten Gesellschaft wurde bloßgelegt durch die Bajonette Preußens, das selbst vor Begierde brannte, den Schwerpunkt dieses Regimes von Paris nach Berlin zu verlegen. Der Imperialismus ist die prostituierteste und zugleich die schließliche Form jener Staatsmacht, die von der entstehenden bürgerlichen Gesellschaft ins Leben gerufen war als das Werkzeug ihrer eignen Befreiung vom Feudalismus und die die vollentwickelte Bourgeoisgesellschaft verwandelt hatte in ein Werkzeug zur Knechtung der Arbeit durch das Kapital.

Der gerade Gegensatz des Kaisertums war die Kommune. Der Ruf nach der »sozialen Republik«, womit das Pariser Proletariat die Februarrevolution einführte, drückte nur das unbestimmte Verlangen aus nach einer Republik, die nicht nur die monarchische Form der Klassenherrschaft beseitigen sollte, sondern die Klassenherrschaft selbst. Die Kommune war die bestimmte Form dieser Republik.

Paris, der Mittelpunkt und Sitz der alten Regierungsmacht

und gleichzeitig der gesellschaftliche Schwerpunkt der französischen Arbeiterklasse, Paris hatte sich in Waffen erhoben gegen den Versuch des Thiers und seiner Krautjunker, diese ihnen vom Kaisertum überkommne alte Regierungsmacht wiederherzustellen und zu verewigen. Paris konnte nur Widerstand leisten, weil es infolge der Belagerung die Armee losgeworden war, an deren Stelle es eine hauptsächlich aus Arbeitern bestehende Nationalgarde gesetzt hatte. Diese Tatsache galt es jetzt in eine bleibende Einrichtung zu verwandeln. Das erste Dekret der Kommune war daher die Unterdrückung des stehenden Heeres und seine Ersetzung durch das bewaffnete Volk.

Die Kommune bildete sich aus den durch allgemeines Stimmrecht in den verschiedenen Bezirken von Paris gewählten Stadträten. Sie waren verantwortlich und jederzeit absetzbar. Ihre Mehrzahl bestand selbstredend aus Arbeitern oder anerkannten Vertretern der Arbeiterklasse. Die Kommune sollte nicht eine parlamentarische, sondern eine arbeitende Körperschaft sein, vollziehend und gesetzgebend zu gleicher Zeit. Die Polizei, bisher das Werkzeug der Staatsregierung, wurde sofort aller ihrer politischen Eigenschaften entkleidet und in das verantwortliche und jederzeit absetzbare Werkzeug der Kommune verwandelt. Ebenso die Beamten aller andern Verwaltungszweige. Von den Mitgliedern der Kommune an abwärts, mußte der öffentliche Dienst für *Arbeiterlohn* besorgt werden. Die erworbnen Anrechte und die Repräsentationsgelder der hohen Staatswürdenträger verschwanden mit diesen Würdenträgern selbst. Die öffentlichen Ämter hörten auf, das Privateigentum der Handlanger der Zentralregierung zu sein. Nicht nur die städtische Verwaltung, sondern auch die ganze, bisher durch den Staat ausgeübte Initiative wurde in die Hände der Kommune gelegt.

Das stehende Heer und die Polizei, die Werkzeuge der materiellen Macht der alten Regierung einmal beseitigt, ging die Kommune sofort darauf aus, das geistliche Unterdrückungswerkzeug, die Pfaffenmacht, zu brechen; sie dekretierte die Auflösung und Enteignung aller Kirchen, soweit sie besitzende Körperschaften waren. Die Pfaffen wurden in die Stille des Privatlebens zurückgesandt, um dort, nach dem Bilde ihrer Vorgänger, der Apostel, sich von dem Almosen der Gläubigen zu nähren. Sämtliche Unterrichtsanstalten wurden dem Volk unentgeltlich geöffnet und gleichzeitig von aller Eimmischung des Staats und der Kirche gereinigt. Damit war nicht nur die Schulbildung für jedermann zugänglich gemacht, sondern auch die Wissenschaft selbst von den ihr durch das Klassenvorurteil und die Regierungsgewalt auferlegten Fesseln befreit.

Die richterlichen Beamten verloren jene scheinbare Unabhängigkeit, die nur dazu gedient hatte, ihre Unterwürfigkeit unter alle aufeinanderfolgenden Regierungen zu verdecken, deren jeder sie, der Reihe nach, den Eid der Treue geschworen und gebrochen hatten. Wie alle übrigen öffentlichen Diener, sollten sie fernerhin gewählt, verantwortlich und absetzbar sein.

Die Pariser Kommune sollte selbstverständlich allen großen gewerblichen Mittelpunkten Frankreichs zum Muster dienen. Sobald die kommunale Ordnung der Dinge einmal in Paris und den Mittelpunkten zweiten Ranges eingeführt war, hätte die alte zentralisierte Regierung auch in den Provinzen der Selbstregierung der Produzenten weichen müssen. In einer kurzen Skizze der nationalen Organisation, die die Kommune nicht die Zeit hatte, weiter auszuarbeiten, heißt es ausdrücklich, daß die Kommune die politische Form selbst des kleinsten Dorfs sein, und daß das stehende Heer auf dem Lande durch eine Volksmiliz mit äußerst kurzer Dienstzeit ersetzt werden sollte. Die Landgemeinden eines jeden Bezirks sollten ihre gemeinsamen Angelegenheiten durch eine Versammlung von Abgeordneten in der Bezirkshauptstadt verwalten, und diese Bezirksversammlung dann wieder Abgeordnete zur Nationaldelegation in Paris schicken; die Abgeordneten sollten jederzeit absetzbar und an die bestimmten Instruktionen ihrer Wähler gebunden sein. Die wenigen, aber wichtigen Funktionen, welche dann noch für eine Zentralregierung übrigblieben, sollten nicht, wie dies absichtlich gefälscht worden, abgeschafft, sondern an kommunale, d. h. streng verantwortliche Beamte übertragen werden. Die Einheit der Nation sollte nicht gebrochen, sondern im Gegenteil organisiert werden durch die Kommunalverfassung; sie sollte eine Wirklichkeit werden durch die Vernichtung jener Staatsmacht, welche sich für die Verkörperung dieser Einheit ausgab, aber unabhängig und überlegen sein wollte gegenüber der Nation, an deren Körper sie doch nur ein Schmarotzerauswuchs war. Während es galt, die bloß unterdrückenden Organe der alten Regierungsmacht abzuschneiden, sollten ihre berechtigten Funktionen einer Gewalt, die über der Gesellschaft zu stehn beanspruchte, entrissen und den verantwortlichen Dienern der Gesellschaft zurückgegeben werden. Statt einmal in drei oder sechs Jahren zu entscheiden, welches Mitglied der herrschenden Klasse das Volk im Parlament ver- und zertreten soll, sollte das allgemeine Stimmrecht dem in Kommunen konstituierten Volk

dienen, wie das individuelle Stimmrecht jedem andern Arbeit-
geber dazu dient, Arbeiter, Aufseher und Buchhalter in seinem
Geschäft auszusuchen. Und es ist bekannt genug, daß Gesellschaften ebensogut wie einzelne, in wirklichen Geschäftssachen
gewöhnlich den rechten Mann zu finden und, falls sie sich einmal täuschen, dies bald wieder gutzumachen wissen. Andrerseits aber konnte nichts dem Geist der Kommune fremder sein,
als das allgemeine Stimmrecht durch hierarchische Investitur
zu ersetzen. [...]

Die Kommune machte das Stichwort aller Bourgeoisrevolu-
tionen – wohlfeile Regierung – zur Wahrheit, indem sie die beiden größten Ausgabequellen, die Armee und das Beamtentum,
aufhob. Ihr bloßes Bestehn setzte das Nichtbestehn der Monarchie voraus, die, wenigstens in Europa, der regelrechte Ballast
und der unentbehrliche Deckmantel der Klassenherrschaft ist.
Sie verschaffte der Republik die Grundlage wirklich demokratischer Einrichtungen. Aber weder »wohlfeile Regierung« noch
die »wahre Republik« war ihr Endziel; beide ergaben sich nebenbei und von selbst.

Die Mannigfaltigkeit der Deutungen, denen die Kommune
unterlag, und die Mannigfaltigkeit der Interessen, die sich in ihr
ausgedrückt fanden, beweisen, daß sie eine durch und durch
ausdehnungsfähige politische Form war, während alle früheren
Regierungsformen wesentlich unterdrückend gewesen waren.
Ihr wahres Geheimnis war dies: Sie war wesentlich eine *Regierung der Arbeiterklasse*, das Resultat des Kampfs der hervor-
bringenden gegen die aneignende Klasse, die endlich entdeckte
politische Form, unter der die ökonomische Befreiung der Arbeit sich vollziehen konnte.

Ohne diese letzte Bedingung war die Kommunalverfassung
eine Unmöglichkeit und eine Täuschung. Die politische Herrschaft des Produzenten kann nicht bestehn neben der Verewi-
gung seiner gesellschaftlichen Knechtschaft. Die Kommune
sollte daher als Hebel dienen, um die ökonomischen Grundlagen umzustürzen, auf denen der Bestand der Klassen und damit
der Klassenherrschaft ruht. Einmal die Arbeit emanzipiert, so
wird jeder Mensch ein Arbeiter, und produktive Arbeit hört auf,
eine Klasseneigenschaft zu sein. [...]

Die Arbeiterklasse verlangte keine Wunder von der Kommune. Sie hat keine fix und fertigen Utopien durch Volksbe-
schluß einzuführen. Sie weiß, daß, um ihre eigne Befreiung und
mit ihr jene höhre Lebensform hervorzuarbeiten, der die gegen-
wärtige Gesellschaft durch ihre eigne ökonomische Entwick-

lung unwiderstehlich entgegenstrebt, daß sie, die Arbeiterklasse, lange Kämpfe, eine ganze Reihe geschichtlicher Prozesse
durchzumachen hat, durch welche die Menschen wie die Umstände gänzlich umgewandelt werden. Sie hat keine Ideale zu
verwirklichen; sie hat nur die Elemente der neuen Gesellschaft
in Freiheit zu setzen, die sich bereits im Schoß der zusammenbrechenden Bourgeoisgesellschaft entwickelt haben. Im vollen
Bewußtsein ihrer geschichtlichen Sendung und mit dem Hel-
denentschluß, ihrer würdig zu handeln, kann die Arbeiterklasse
sich begnügen, zu lächeln gegenüber den plumpen Schimpfe-
reien der Lakaien von der Presse wie gegenüber der lehrhaften
Protektion wohlmeinender Bourgeoisdoktrinäre, die ihre un-
wissenden Gemeinplätze und Sektierermarotten im Orakelton
wissenschaftlicher Unfehlbarkeit abpredigen.

(1871, MEW, Bd. 17)

Über Atome
Aus: *Die heilige Familie*

Staat und bürgerliche Gesellschaft
Die Aufschlüsse *der* Kritik über das allgemeine Staatswesen [...]
beschränken sich darauf, daß das allgemeine Staatswesen die
einzelnen selbstsüchtigen Atome zusammenhalten muß.

Genau und im prosaischen Sinne zu reden, sind die Mitglieder der bürgerlichen Gesellschaft keine Atome. Die charakteristische Eigenschaft des Atoms besteht darin, keine Eigenschaften und darum keine durch seine eigene Naturnotwendigkeit
bedingte Beziehung zu anderen Wesen außer ihm zu haben. Das
Atom ist bedürfnislos, selbstgenügsam; die Welt außer ihm ist
die absolute Leere, das heißt, sie ist inhaltslos, sinnlos, nichtssa-
gend, eben weil es alle Fülle in sich selbst besitzt. Das egoistische Individuum der bürgerlichen Gesellschaft mag sich in seiner unsinnlichen Vorstellung und unlebendigen Abstraktion

zum Atom aufblähen, das heißt zu einem beziehungslosen, selbstgenügsamen, bedürfnislosen, absolut vollen, seligen Wesen. Die unselige sinnliche Wirklichkeit kümmert sich nicht um seine Einbildung, jeder seiner Sinne zwingt es, an den Sinn der Welt und der Individuen außer ihm zu glauben, und selbst sein profaner Magen erinnert es täglich daran, daß die Welt außer ihm nicht leer, sondern das eigentlich Erfüllende ist. Jede seiner Wesenstätigkeiten und Eigenschaften, jeder seiner Lebenstriebe wird zum Bedürfnis, zur Not, die seine Selbstsucht zur Sucht nach anderen Dingen und Menschen außer ihm macht. Da aber das Bedürfnis des einen Individuums keinen sich von selbst verstehenden Sinn für das andere egoistische Individuum, das die Mittel, jenes Bedürfnis zu befriedigen, besitzt, also keinen unmittelbaren Zusammenhang mit der Befriedigung hat, so muß jedes Individuum diesen Zusammenhang schaffen, indem es gleichfalls zum Kuppler zwischen dem fremden Bedürfnis und den Gegenständen dieses Bedürfnisses wird. Die Notwendigkeit also, die menschlichen Wesenseigenschaften, so entfremdet sie auch erscheinen mögen, das Interesse, halten die Mitglieder der bürgerlichen Gesellschaft zusammen, das bürgerliche und nicht das politische Leben ist ihr reales Band. Nicht also der Staat hält die Atome der bürgerlichen Gesellschaft zusammen, sondern dies, daß sie Atome nur in der Vorstellung sind, im Himmel ihrer Einbildung – in der Wirklichkeit aber gewaltig von den Atomen unterschiedene Wesen, nämlich keine göttlichen Egoisten, sondern egoistische Menschen. Nur der politische Aberglaube bildet sich noch heutzutage ein, daß das bürgerliche Leben vom Staat zusammengehalten werden müsse, während umgekehrt in der Wirklichkeit der Staat von dem bürgerlichen Leben zusammengehalten wird.

(1844/45, MEW, Bd. 2)

Sinn des Habens

Aus: *Ökonomisch-philosophische Manuskripte*

Das Privateigentum hat uns so dumm und einseitig gemacht, daß ein Gegenstand erst der *unsrige* ist, wenn wir ihn haben, also als Kapital für uns existiert, oder von uns unmittelbar besessen, gegessen, getrunken, an unserem Leib getragen, von uns bewohnt etc., kurz *gebraucht* wird. Obgleich das Privateigentum alle diese unmittelbaren Verwirklichungen des Besitzes selbst wieder nur als *Lebensmittel* faßt, und das Leben, zu dessen Mittel sie dienen, ist das *Leben des Privateigentums* Arbeit und Kapitalisierung.

An die Stelle *aller* physischen und geistigen Sinne ist daher die einfache Entfremdung *aller* dieser Sinne, der Sinn des *Habens* getreten. Auf diese absolute Armut mußte das menschliche Wesen reduziert werden, damit es seinen inneren Reichtum aus sich herausgebäre. [...]

Die Aufhebung des Privateigentums ist daher die vollständige *Emanzipation* aller menschlichen Sinne und Eigenschaften; aber sie ist diese Emanzipation gerade dadurch, daß diese Sinne und Eigenschaften *menschlich*, sowohl subjektiv als objektiv, geworden sind. Das Auge ist zum *menschlichen* Auge geworden, wie sein *Gegenstand* zu einem gesellschaftlichen, *menschlichen*, vom Menschen für den Menschen herrührenden Gegenstand geworden ist. Die *Sinne* sind daher unmittelbar in ihrer Praxis Theoretiker geworden. Sie verhalten sich zu der *Sache* um der Sache willen, aber die Sache selbst ist ein *gegenständliches menschliches* Verhalten zu sich selbst und zum Menschen und umgekehrt. Das Bedürfnis oder der Genuß haben darum ihre *egoistische* Natur und die Natur ihre bloße *Nützlichkeit* verloren, indem der Nutzen zum *menschlichen* Nutzen geworden ist.

Ebenso sind die Sinne und der Geist der andren Menschen meine *eigne* Aneignung geworden. Außer den unmittelbaren Organen bilden sich daher *gesellschaftliche* Organe, in der *Form* der Gesellschaft, also z. B. die Tätigkeit unmittelbar in Gesellschaft mit andren etc. ist ein Organ einer *Lebensäußerung* geworden und eine Weise der Aneignung des *menschlichen* Lebens. [...]

Wie durch die Bewegung des *Privateigentums* und seines Reichtums wie Elends, – des materiellen und geistigen Reichtums und Elends, – die werdende Gesellschaft zu dieser *Bildung* alles Material vorfindet, *so* produziert die gewordne Gesellschaft den Menschen in diesem ganzen Reichtum seines Wesens, den *reichen all- und tiefsinnigen* Menschen als ihre stete Wirklichkeit. – Man sieht, wie Subjektivismus und Objektivismus, Spiritualismus und Materialismus, Tätigkeit und Leiden erst im gesellschaftlichen Zustand ihren Gegensatz, und damit ihr Dasein als solche Gegensätze verlieren; man sieht, wie die Lösung der *theoretischen* Gegensätze selbst *nur* auf eine *praktische* Art, nur durch die praktische Energie des Menschen möglich ist und ihre Lösung daher keineswegs nur eine Aufgabe der Erkenntnis, sondern eine *wirkliche* Lebensaufgabe ist, welche die *Philosophie* nicht lösen konnte, eben weil sie dieselbe als *nur* theoretische Aufgabe faßte. –

Man sieht, wie die Geschichte der *Industrie* und das gewordne *gegenständliche* Dasein der Industrie, das *aufgeschlagne* Buch der *menschlichen Wesenskräfte*, die sinnlich vorliegende menschliche *Psychologie* ist, die bisher nicht in ihrem Zusammenhang mit dem *Wesen* des Menschen, sondern immer nur in einer äußeren Nützlichkeitsbeziehung gefaßt wurde, weil man – innerhalb der Entfremdung sich bewegend – nur das allgemeine Dasein des Menschen, die Religion oder die Geschichte in ihrem abstrakt-allgemeinen Wesen, als Politik, Kunst, Literatur etc., als Wirklichkeit der menschlichen Wesenskräfte und als *menschliche Gattungsakte* zu fassen wußte. In der *gewöhnlichen, materiellen Industrie* (– die man ebensowohl als einen Teil einer allgemeinen Bewegung fassen, wie man sie selbst als einen *besondern* Teil der Industrie fassen kann, da alle menschliche Tätigkeit bisher Arbeit, also Industrie, sich selbst entfremdete Tätigkeit war –) haben wir unter der Form *sinnlicher, fremder, nützlicher Gegenstände*, unter der Form der Entfremdung die *vergegenständlichten Wesenskräfte* des Menschen vor uns. Eine *Psychologie*, für welche dies Buch, also grade der sinnlich gegenwärtigste, zugänglichste Teil der Geschichte zugeschlagen ist, kann nicht zur wirklichen inhaltvollen und *reellen* Wissenschaft werden. Was soll man überhaupt von einer Wissenschaft denken, die von diesem großen Teil der menschlichen Arbeit *vornehm* abstrahiert und nicht in sich selbst ihre Unvollständigkeit fühlt, so lange ein so ausgebreiteter Reichtum des menschlichen Wirkens ihr nichts sagt, als etwa, was man in einem Wort sagen kann: »*Bedürfnis*«, »*gemeines Bedürfnis!*«? – Die *Naturwissenschaften* haben eine enorme Tätigkeit entwickelt und sich ein stets wachsendes Material angeeignet. Die Philosophie ist ihnen indessen ebenso fremd geblieben, wie sie der Philosophie fremd blieben. Die momentane Vereinigung war nur eine *phantastische Illusion*. Der Wille war da, aber das Vermögen fehlte. Die Geschichtsschreibung selbst nimmt auf die Naturwissenschaft nur beiläufig Rücksicht, als Moment der Aufklärung, Nützlichkeit, einzelner großer Entdeckungen. Aber desto *praktischer* hat die Naturwissenschaft vermittelst der Industrie in das menschliche Leben eingegriffen und es umgestaltet und die menschliche Emanzipation vorbereitet, sosehr sie unmittelbar die Entmenschung vervollständigen mußte. Die *Industrie* ist das *wirkliche* geschichtliche Verhältnis der Natur und daher der Naturwissenschaft zum Menschen: wird sie daher als *exoterische* Enthüllung der menschlichen *Wesenskräfte* gefaßt, so wird auch das *menschliche* Wesen der Natur oder das *natürliche* Wesen des Menschen verstanden, daher die Naturwissenschaft ihre abstrakt materielle oder vielmehr idealistische Richtung verlieren und die Basis der *menschlichen* Wissenschaft werden, wie sie jetzt schon – obgleich in entfremdeter Gestalt – zur Basis des wirklichen menschlichen Lebens geworden ist, und eine *andre* Basis für das Leben, eine andre für die *Wissenschaft* ist von vornherein eine Lüge.

(1844, MEW, Bd. 40)

Krieg den deutschen Zuständen!
Aus: *Zur Kritik der Hegel'schen Rechtsphilosophie*

Für Deutschland ist die *Kritik der Religion* im wesentlichen beendigt, und die Kritik der Religion ist die Voraussetzung aller Kritik.

Die *profane* Existenz des Irrtums ist kompromittiert, nachdem seine *himmlische oratio pro aris et focis* widerlegt ist. Der Mensch, der in der phantastischen Wirklichkeit des Himmels, wo er einen Übermenschen suchte, nur den *Widerschein* seiner selbst gefunden hat, wird nicht mehr geneigt sein, nur den *Schein* seiner selbst, nur den Unmenschen zu finden, wo er seine wahre Wirklichkeit sucht und suchen muß.

Das Fundament der irreligiösen Kritik ist: Der *Mensch macht die Religion*, die Religion macht nicht den Menschen. Und zwar ist die Religion das Selbstbewußtsein und das Selbstgefühl des Menschen, der sich selbst entweder noch nicht erworben oder schon wieder verloren hat. Aber *der Mensch*, das ist kein abstraktes, außer der Welt hockendes Wesen. Der Mensch, das ist *die Welt des Menschen*, Staat, Sozietät. Dieser Staat, diese Sozietät produzieren die Religion, ein *verkehrtes Weltbewußtsein*, weil sie eine *verkehrte Welt* sind. Die Religion ist die allgemeine Theorie dieser Welt, ihr enzyklopädisches Kompendium, ihre Logik in populärer Form, ihr spiritualistischer Pointd'honneur, ihr Enthusiasmus, ihre moralische Sanktion, ihre feierliche Ergänzung, ihr allgemeiner Trost- und Rechtfertigungsgrund. Sie ist die *phantastische Verwirklichung* des menschlichen Wesens, weil das *menschliche Wesen* keine wahre Wirklichkeit besitzt. Der Kampf gegen die Religion ist also mittelbar der Kampf gegen *jene Welt*, deren geistiges *Aroma* die Religion ist.

Das *religiöse* Elend ist in einem der *Ausdruck* des wirklichen Elendes und in einem die *Protestation* gegen das wirkliche Elend. Die Religion ist der Seufzer der bedrängten Kreatur, das Gemüt einer herzlosen Welt, wie sie der Geist geistloser Zustände ist. Sie ist das *Opium* des Volks.

Die Aufhebung der Religion als des *illusorischen* Glücks des Volkes ist die Forderung seines *wirklichen* Glücks. Die Forderung, die Illusionen über seinen Zustand aufzugeben, ist die *Forderung, einen Zustand aufzugeben, der der Illusionen bedarf*. Die Kritik der Religion ist also im *Keim* die *Kritik des Jammertales*, dessen *Heiligenschein* die Religion ist.

Die Kritik hat die imaginären Blumen an der Kette zerpflückt, nicht damit der Mensch die phantasielose, trostlose Kette trage, sondern damit er die Kette abwerfe und die lebendige Blume breche. Die Kritik der Religion enttäuscht den Menschen, damit er denke, handle, seine Wirklichkeit gestalte wie ein enttäuschter, zu Verstand gekommener Mensch, damit er sich um sich selbst und damit um seine wirkliche Sonne bewege. Die Religion ist nur die illusorische Sonne, die sich um den Menschen bewegt, solange er sich nicht um sich selbst bewegt.

Es ist also die *Aufgabe der Geschichte*, nachdem das *Jenseits der Wahrheit* verschwunden ist, die *Wahrheit des Diesseits* zu etablieren. Es ist zunächst die *Aufgabe der Philosophie*, die im Dienste der Geschichte steht, nachdem die *Heiligengestalt* der menschlichen Selbstentfremdung entlarvt ist, die Selbstentfremdung in ihren *unheiligen Gestalten* zu entlarven. Die Kritik des Himmels verwandelt sich damit in die Kritik der Erde, die *Kritik der Religion* in die *Kritik des Rechts,* die *Kritik der Theologie* in die *Kritik der Politik.*

Die nachfolgende Ausführung – ein Beitrag zu dieser Arbeit – schließt sich zunächst nicht an das Original, sondern an eine Kopie, an die deutsche Staats- und Rechts-*Philosophie* an, aus keinem andern Grunde, als weil sie sich an *Deutschland* anschließt.

Wollte man an den deutschen *status quo* selbst anknüpfen, wenn auch in einzig angemessener Weise, d. h. negativ, immer bliebe das Resultat ein *Anachronismus.* Selbst die Verneinung unserer politischen Gegenwart findet sich schon als bestaubte Tatsache in der historischen Rumpelkammer der modernen Völker. Wenn ich die gepuderten Zöpfe verneine, habe ich immer noch die ungepuderten Zöpfe. Wenn ich die deutschen Zustände von 1843 verneine, stehe ich, nach französischer Zeitrechnung, kaum im Jahre 1789, noch weniger im Brennpunkt der Gegenwart.

Ja, die deutsche Geschichte schmeichelt sich einer Bewegung, welche ihr kein Volk am historischen Himmel weder vorgemacht hat noch nachmachen wird. Wir haben nämlich die Restaurationen der modernen Völker geteilt, ohne ihre Revolutionen zu teilen. Wir wurden restauriert, erstens, weil andere Völker eine Revolution wagten, und zweitens, weil andere Völker eine Konterrevolution litten, das eine Mal, weil unsere Herren Furcht hatten, und das andere Mal, weil unsere Herren keine Furcht hatten. Wir, unsere Hirten an der Spitze, befanden uns immer nur einmal in der Gesellschaft der Freiheit, am *Tag ihrer Beerdigung.* [...]

Gutmütige Enthusiasten, Deutschtümler von Blut und Freisinnige von Reflexion, suchen unsere Geschichte der Freiheit jenseits unserer Geschichte in den teutonischen Urwäldern. Wodurch unterscheidet sich aber unsere Freiheitsgeschichte von der Freiheitsgeschichte des Ebers, wenn sie nur in den Wäldern zu finden ist? Zudem ist es bekannt: Wie man hineinschreit in den Wald, schallt es heraus aus dem Wald. Also Friede den teutonischen Urwäldern!

Krieg den deutschen Zuständen! Sie stehn *unter dem Niveau der Geschichte,* sie sind *unter aller Kritik,* aber sie bleiben ein Gegenstand der Kritik, wie der Verbrecher, der unter dem Niveau der Humanität steht, ein Gegenstand des *Scharfrichters* bleibt. Mit ihnen im Kampf ist die Kritik keine Leidenschaft des

Kopfs, sie ist der Kopf der Leidenschaft. Sie ist kein anatomisches Messer, sie ist eine Waffe. Ihr Gegenstand ist ihr *Feind*, den sie nicht widerlegen, sondern *vernichten* will. Denn der Geist jener Zustände ist widerlegt. An und für sich sind sie keine *denkwürdigen* Objekte, sondern ebenso verächtliche, als verachtete *Existenzen*. Die Kritik für sich bedarf nicht der Selbstverständigung mit diesem Gegenstand, denn sie ist mit ihm im reinen. Sie gibt sich nicht mehr als *Selbstzweck*, sondern nur noch als *Mittel*. Ihr wesentliches Pathos ist die *Indignation*, ihre wesentliche Arbeit die *Denunziation*.

Es gilt die Schilderung eines wechselseitigen dumpfen Drucks aller sozialen Sphären aufeinander, einer allgemeinen, tatlosen Verstimmung, einer sich ebensosehr anerkennenden als verkennenden Beschränktheit, eingefaßt in den Rahmen eines Regierungssystems, welches, von der Konservation aller Erbärmlichkeiten lebend, selbst nichts ist als die *Erbärmlichkeit an der Regierung*. [...]

Die Kritik, die sich mit diesem Inhalt befaßt, ist die Kritik im *Handgemenge*, und im Handgemenge handelt es sich nicht darum, ob der Gegner ein edler, ebenbürtiger, ein *interessanter* Gegner ist, es handelt sich darum, ihn zu *treffen*. Es handelt sich darum, den Deutschen keinen Augenblick der Selbsttäuschung und Resignation zu gönnen. Man muß den wirklichen Druck noch drückender machen, indem man ihm das Bewußtsein des Drucks hinzufügt, die Schmach noch schmachvoller, indem man sie publiziert. Man muß jede Sphäre der deutschen Gesellschaft als die *partie honteuse* der deutschen Gesellschaft schildern, man muß diese versteinerten Verhältnisse dadurch zum Tanzen zwingen, daß man ihnen ihre eigene Melodie vorsingt! Man muß das Volk vor sich selbst *erschrecken* lehren, um ihm *Courage* zu machen. [...]

Die *deutsche Rechts- und Staatsphilosophie* ist die einzige mit der *offiziellen* modernen Gegenwart *al pari* stehende *deutsche Geschichte*. Das deutsche Volk muß daher diese seine Traumgeschichte mit zu seinen bestehenden Zuständen schlagen und nicht nur diese bestehenden Zustände, sondern zugleich ihre abstrakte Fortsetzung der Kritik unterwerfen. Seine Zukunft kann sich weder auf die unmittelbare Verneinung seiner reellen noch auf die unmittelbare Vollziehung seiner ideellen Staats- und Rechtszustände *beschränken*, denn die unmittelbare Verneinung seiner reellen Zustände besitzt es in seinen ideellen Zuständen, und die unmittelbare Vollziehung seiner ideellen Zustände hat es in der Anschauung der Nachbarvölker beinahe schon wieder *überlebt.* Mit Recht fordert daher die *praktische* politische Partei in Deutschland die *Negation der Philosophie.* Ihr Unrecht besteht nicht in der Forderung, sondern in dem Stehnbleiben bei der Forderung, die sie ernstlich weder vollzieht noch vollziehen kann. Sie glaubt, jene Negation dadurch zu vollbringen, daß sie der Philosophie den Rücken kehrt und abgewandten Hauptes – einige ärgerliche und banale Phrasen über sie hermurmelt. Die Beschränktheit ihres Gesichtskreises zählt die Philosophie nicht ebenfalls in den Bering der *deutschen* Wirklichkeit oder wähnt sie gar *unter* der deutschen Praxis und den ihr dienenden Theorien. Ihr verlangt, daß man an *wirkliche Lebenskeime* anknüpfen soll, aber ihr vergeßt, daß der wirkliche Lebenskeim des deutschen Volkes bisher nur unter seinem *Hirnschädel* gewuchert hat. Mit einem Worte: *Ihr könnt die Philosophie nicht aufheben, ohne sie zu verwirklichen.* [...]

Die Kritik der *deutschen Staats- und Rechtsphilosophie,* welche durch *Hegel* ihre konsequenteste, reichste und letzte Fassung erhalten hat, ist beides, sowohl die kritische Analyse des modernen Staats und der mit ihm zusammenhängenden Wirklichkeit als auch die entschiedene Verneinung der ganzen bisherigen *Weise* des *deutschen politischen und rechtlichen Bewußtseins,* dessen vornehmster, universellster, zur *Wissenschaft* erhobener Ausdruck eben die *spekulative Rechtsphilosophie* selbst ist. War nur in Deutschland die spekulative Rechtsphilosophie möglich, dies abstrakte überschwengliche *Denken* des modernen Staats, dessen Wirklichkeit ein Jenseits bleibt, mag dies Jenseits auch nur jenseits des Rheins liegen: so war ebensosehr umgekehrt das *deutsche,* vom *wirklichen Menschen* abstrahierende Gedankenbild des modernen Staats nur möglich, weil und insofern der moderne Staat selbst vom *wirklichen Menschen* abstrahiert oder den *ganzen* Menschen auf eine nur imaginäre Weise befriedigt. Die Deutschen haben in der Politik *gedacht,* was die andern Völker *getan* haben. Deutschland war ihr *theoretisches Gewissen.* Die Abstraktion und Überhebung seines Denkens hielt immer gleichen Schritt mit der Einseitigkeit und Untersetztheit ihrer Wirklichkeit. Wenn also der *status quo* des *deutschen Staatswesens* die *Vollendung des ancien régime* ausdrückt, die Vollendung des Pfahls im Fleische des modernen Staats, so drückt der *status quo* des *deutschen Staatswissens* die *Unvollendung des modernen Staats* aus, die Schadhaftigkeit seines Fleisches selbst.

Schon als entschiedner Widerpart der bisherigen Weise des *deutschen* politischen Bewußtseins verläuft sich die Kritik der spekulativen Rechtsphilosophie nicht in sich selbst, sondern in *Aufgaben*, für deren Lösung es nur ein Mittel gibt: die *Praxis*.

Es fragt sich: Kann Deutschland zu einer Praxis *à la hauteur des principes* gelangen, d. h. zu einer *Revolution*, die es nicht nur auf das *offizielle Niveau* der modernen Völker erhebt, sondern auf die *menschliche Höhe*, welche die nächste Zukunft dieser Völker sein wird?

Die Waffe der Kritik kann allerdings die Kritik der Waffen nicht ersetzen, die materielle Gewalt muß gestürzt werden durch materielle Gewalt, allein auch die Theorie wird zur materiellen Gewalt, sobald sie die Massen ergreift. Die Theorie ist fähig, die Massen zu ergreifen, sobald sie *ad hominem* demonstriert, und sie demonstriert *ad hominem*, sobald sie radikal wird. Radikal sein ist die Sache an der Wurzel fassen. Die Wurzel für den Menschen ist aber der Mensch selbst. Der evidente Beweis für den Radikalismus der deutschen Theorie, also für ihre praktische Energie, ist ihr Ausgang von der entschiedenen *positiven* Aufhebung der Religion. Die Kritik der Religion endet mit der Lehre, daß der *Mensch das höchste Wesen für den Menschen* sei, also mit dem *kategorischen Imperativ, alle Verhältnisse umzuwerfen*, in denen der Mensch ein erniedrigtes, ein geknechtetes, ein verlassenes, ein verächtliches Wesen ist, Verhältnisse, die man nicht besser schildern kann als durch den Ausruf eines Franzosen bei einer projektierten Hundesteuer: Arme Hunde! Man will euch wie Menschen behandeln! […]

Einer *radikalen* deutschen Revolution scheint indessen eine Hauptschwierigkeit entgegenzustehn.

Die Revolutionen bedürfen nämlich eines *passiven* Elementes, einer *materiellen* Grundlage. Die Theorie wird in einem Volke immer nur so weit verwirklicht, als sie die Verwirklichung seiner Bedürfnisse ist. Wird nun dem ungeheuern Zwiespalt zwischen den Forderungen des deutschen Gedankens und den Antworten der deutschen Wirklichkeit derselbe Zwiespalt der bürgerlichen Gesellschaft mit dem Staat und mit sich selbst entsprechen? Werden die theoretischen Bedürfnisse unmittelbar praktische Bedürfnisse sein? Es genügt nicht, daß der Gedanke zur Verwirklichung drängt, die Wirklichkeit muß sich selbst zum Gedanken drängen.

In Frankreich genügt es, daß einer etwas sei, damit er alles sein wolle. In Deutschland darf einer nichts sein, wenn er nicht auf alles verzichten soll. In Frankreich ist die partielle Emanzipation der Grund der universellen. In Deutschland ist die universelle Emanzipation *conditio sine qua non* jeder partiellen. In

Frankreich muß die Wirklichkeit, in Deutschland muß die Unmöglichkeit der stufenweisen Befreiung die ganze Freiheit gebären. In Frankreich ist jede Volksklasse *politischer Idealist* und empfindet sich zunächst nicht als besondere Klasse, sondern als Repräsentant der sozialen Bedürfnisse überhaupt. Die Rolle des *Emanzipators* geht also der Reihe nach in dramatischer Bewegung an die verschiedenen Klassen des französischen Volkes über, bis sie endlich bei der Klasse anlangt, welche die soziale Freiheit nicht mehr unter der Voraussetzung gewisser, außerhalb des Menschen liegender und doch von der menschlichen Gesellschaft geschaffener Bedingungen verwirklicht, sondern vielmehr alle Bedingungen der menschlichen Existenz unter der Voraussetzung der sozialen Freiheit organisiert. In Deutschland dagegen, wo das praktische Leben ebenso geistlos als das geistige Leben unpraktisch ist, hat keine Klasse der bürgerlichen Gesellschaft das Bedürfnis und die Fähigkeit der allgemeinen Emanzipation, bis sie nicht durch ihre *unmittelbare* Lage, durch die *materielle* Notwendigkeit, durch ihre *Ketten selbst* dazu gezwungen wird.

Wo also die *positive* Möglichkeit der deutschen Emanzipation?

Antwort: In der Bildung einer Klasse mit *radikalen Ketten*, einer Klasse der bürgerlichen Gesellschaft, welche keine Klasse der bürgerlichen Gesellschaft ist, eines Standes, welcher die Auflösung aller Stände ist, einer Sphäre, welche einen universellen Charakter durch ihre universellen Leiden besitzt und kein *besondres Recht* in Anspruch nimmt, weil kein *besondres Unrecht*, sondern das *Unrecht schlechthin* an ihr verübt wird, welche nicht mehr auf einen *historischen*, sondern nur noch auf den *menschlichen* Titel provozieren kann, welche in keinem einseitigen Gegensatz zu den Konsequenzen, sondern in einem allseitigen Gegensatz zu den Voraussetzungen des deutschen Staatswesens steht, einer Sphäre endlich, welche sich nicht emanzipieren kann, ohne sich von allen übrigen Sphären der Gesellschaft und damit alle übrigen Sphären der Gesellschaft zu emanzipieren, welche mit einem Wort der *völlige Verlust* des Menschen ist, also nur durch die *völlige Wiedergewinnung des Menschen* sich selbst gewinnen kann. Diese Auflösung der Gesellschaft als ein besonderer Stand ist das *Proletariat*.

Das Proletariat beginnt erst durch die hereinbrechende *industrielle* Bewegung für Deutschland zu werden, denn nicht die *naturwüchsig entstandne*, sondern die *künstlich produzierte* Armut, nicht die mechanisch durch die Schwere der Gesellschaft niedergedrückte, sondern die aus ihrer *akuten Auflösung*, vorzugsweise aus der Auflösung des Mittelstandes, hervorgehende Menschenmasse bildet das Proletariat, obgleich allmählich, wie sich von selbst versteht, auch die naturwüchsige Armut und die christlich-germanische Leibeigenschaft in seine Reihen treten.

Wenn das Proletariat die *Auflösung der bisherigen Weltordnung* verkündet, so spricht es nur das *Geheimnis seines eignen Daseins aus*, denn es *ist* die *faktische* Auflösung dieser Weltordnung. Wenn das Proletariat die *Negation des Privateigentums* verlangt, so erhebt es nur zum *Prinzip der Gesellschaft*, was die Gesellschaft zu *seinem* Prinzip erhoben hat, was in *ihm* als negatives Resultat der Gesellschaft schon ohne sein Zutun verkörpert ist. Der Proletarier befindet sich dann in bezug auf die werdende Welt in demselben Recht, in welchem der *deutsche König* in bezug auf die gewordene Welt sich befindet, wenn er das Volk *sein* Volk wie das Pferd *sein* Pferd nennt. Der König, indem er das Volk für sein Privateigentum erklärt, spricht es nur aus, daß der Privateigentümer König ist.

Wie die Philosophie im Proletariat ihre *materiellen*, so findet das Proletariat in der Philosophie seine *geistigen* Waffen, und sobald der Blitz des Gedankens gründlich in diesen naiven Volksboden eingeschlagen ist, wird sich die Emanzipation der *Deutschen* zu *Menschen* vollziehn.

Resümieren wir das Resultat:

Die einzig *praktisch* mögliche Befreiung Deutschlands ist die Befreiung auf dem Standpunkt *der* Theorie, welche den Menschen für das höchste Wesen des Menschen erklärt. In Deutschland ist die Emanzipation von dem *Mittelalter* nur möglich als die Emanzipation zugleich von den *teilweisen* Überwindungen des Mittelalters. In Deutschland kann *keine* Art der Knechtschaft gebrochen werden, ohne *jede* Art der Knechtschaft zu brechen. Das *gründliche* Deutschland kann nicht revolutionieren, ohne *von Grund aus* zu revolutionieren. Die *Emanzipation des Deutschen* ist die *Emanzipation des Menschen*. Der *Kopf* dieser Emanzipation ist die *Philosophie*, ihr *Herz* das *Proletariat*. Die Philosophie kann sich nicht verwirklichen ohne die Aufhebung des Proletariats, das Proletariat kann sich nicht aufheben ohne die Verwirklichung der Philosophie.

Wenn alle innern Bedingungen erfüllt sind, wird der *deutsche Auferstehungstag* verkündet werden durch das *Schmettern des gallischen Hahns*.

(1843, MEW, Bd. 1)

Brief an Arnold Ruge

Kreuznach, im September 1843

Es freut mich, daß Sie entschlossen sind und von den Rückblikken auf das Vergangene Ihre Gedanken zu einem neuen Unternehmen vorwärts wenden. Also in Paris, der alten Hochschule der Philosophie, *absit omen!* * und der neuen Hauptstadt der neuen Welt. Was notwendig ist, das fügt sich. Ich zweifle daher nicht, daß sich alle Hindernisse, deren Gewicht ich nicht verkenne, beseitigen lassen.

Das Unternehmen mag aber zustande kommen oder nicht; jedenfalls werde ich Ende dieses Monats in Paris sein, da die hiesige Luft leibeigen macht und ich in Deutschland durchaus keinen Spielraum für eine freie Tätigkeit sehe.

In Deutschland wird alles gewaltsam unterdrückt, eine wahre Anarchie des Geistes, das Regiment der Dummheit selbst ist hereingebrochen, und Zürich gehorcht den Befehlen aus Berlin; es wird daher immer klarer, daß ein neuer Sammelpunkt für die wirklich denkenden und unabhängigen Köpfe gesucht werden muß. Ich bin überzeugt, durch unsern Plan würde einem wirklichen Bedürfnisse entsprochen werden, und die wirklichen Bedürfnisse müssen sich doch auch wirklich erfüllen lassen. Ich zweifle also nicht an dem Unternehmen, sobald ernst damit gemacht wird.

Größer noch als die äußern Hindernisse scheinen beinahe die inneren Schwierigkeiten zu sein. Denn wenn auch kein Zweifel über das »Woher«, so herrscht desto mehr Konfusion über das »Wohin«. Nicht nur, daß eine allgemeine Anarchie unter den Reformern ausgebrochen ist, so wird jeder sich selbst gestehen müssen, daß er keine exakte Anschauung von dem, was werden soll, hat. Indessen ist das gerade wieder der Vorzug der neuen Richtung, daß wir nicht dogmatisch die Welt antizipieren, sondern erst aus der Kritik der alten Welt die neue finden wollen. Bisher hatten die Philosophen die Auflösung aller Rätsel in ihrem Pulte liegen, und die dumme exoterische Welt hatte nur das Maul aufzusperren, damit ihr die gebratenen Tauben der absoluten Wissenschaft in den Mund flogen. Die Philoso-

---

* möge es nichts Schlimmes bedeuten!

phie hat sich verweltlicht, und der schlagendste Beweis dafür ist, daß das philosophische Bewußtsein selbst in die Qual des Kampfes nicht nur äußerlich, sondern auch innerlich hineingezogen ist. Ist die Konstruktion der Zukunft und das Fertigwerden für alle Zeiten nicht unsere Sache, so ist desto gewisser, was wir gegenwärtig zu vollbringen haben, ich meine *die rücksichtslose Kritik alles Bestehenden*, rücksichtslos sowohl in dem Sinne, daß die Kritik sich nicht vor ihren Resultaten fürchtet und ebensowenig vor dem Konflikte mit den vorhandenen Mächten.

Ich bin daher nicht dafür, daß wir eine dogmatische Fahne aufpflanzen, im Gegenteil. Wir müssen den Dogmatikern nachzuhelfen suchen, daß sie ihre Sätze sich klarmachen. So ist namentlich der *Kommunismus* eine dogmatische Abstraktion, wobei ich aber nicht irgendeinen eingebildeten und möglichen, sondern den wirklich existierenden Kommunismus, wie ihn Cabet, Dézamy, Weitling etc. lehren, im Sinn habe. Dieser Kommunismus ist selbst nur eine aparte, von seinem Gegensatz, dem Privatwesen, infizierte Erscheinung des humanistischen Prinzips. Aufhebung des Privateigentums und Kommunismus sind daher keineswegs identisch, und der Kommunismus hat andre sozialistische Lehren, wie die von Fourier, Proudhon etc., nicht zufällig, sondern notwendig sich gegenüber entstehn sehn, weil er selbst nur eine besondre, einseitige Verwirklichung des sozialistischen Prinzips ist.

Und das ganze sozialistische Prinzip ist wieder nur die eine Seite, welche die *Realität* des wahren menschlichen Wesens betrifft. Wir haben uns ebensowohl um die andre Seite, um die theoretische Existenz des Menschen zu kümmern, also Religion, Wissenschaft etc. zum Gegenstande unserer Kritik zu machen. Außerdem wollen wir auf unsere Zeitgenossen wirken, und zwar auf unsre deutschen Zeitgenossen. Es fragt sich, wie ist das anzustellen? Zweierlei Fakta lassen sich nicht ableugnen. Einmal die Religion, dann die Politik sind Gegenstände, welche das Hauptinteresse des jetzigen Deutschlands bilden. An diese, wie sie auch sind, ist anzuknüpfen, nicht irgendein System wie etwa die *»Voyage en Icarie«* ihnen fertig entgegenzusetzen.

Die Vernunft hat immer existiert, nur nicht immer in der vernünftigen Form. Der Kritiker kann also an jede Form des theoretischen und praktischen Bewußtseins anknüpfen und aus den *eigenen* Formen der existierenden Wirklichkeit die wahre Wirklichkeit als ihr Sollen und ihren Endzweck entwickeln. Was nun das wirkliche Leben betrifft, so enthält grade der *politische Staat*, auch wo er von den sozialistischen Forderungen noch nicht bewußterweise erfüllt ist, in allen seinen *modernen* Formen die Forderungen der Vernunft. Und er bleibt dabei nicht stehn. Er unterstellt überall die Vernunft als realisiert. Er gerät aber ebenso überall in den Widerspruch seiner ideellen Bestimmung mit seinen realen Voraussetzungen.

Aus diesem Konflikt des politischen Staates mit sich selbst läßt sich daher überall die soziale Wahrheit entwickeln. Wie die *Religion* das Inhaltsverzeichnis von den theoretischen Kämpfen der Menschheit, so ist es der *politische Staat* von ihren praktischen. Der politische Staat drückt also innerhalb seiner Form *sub specie rei publicae* alle sozialen Kämpfe, Bedürfnisse, Wahrheiten aus. Es ist also durchaus nicht unter der *hauteur des principes*, die speziellste politische Frage – etwa den Unterschied von ständischem und repräsentativem System – zum Gegenstand der Kritik zu machen. Denn diese Frage drückt nur auf *politische* Weise den Unterschied von der Herrschaft des Menschen und der Herrschaft des Privateigentums aus. Der Kritiker kann also nicht nur, er muß in diese politischen Fragen (die nach der Ansicht der krassen Sozialisten unter aller Würde sind) eingehn. Indem er den Vorzug des repräsentativen Systems vor dem ständischen entwickelt, *interessiert* er *praktisch* eine große Partei. Indem er das repräsentative System aus seiner politischen Form zu der allgemeinen Form erhebt und die wahre Bedeutung, die ihm zugrunde liegt, geltend macht, zwingt er zugleich diese Partei, über sich selbst hinauszugehn, denn ihr Sieg ist zugleich ihr Verlust.

Es hindert uns also nichts, unsre Kritik an die Kritik der Politik, an die Parteinahme in der Politik, also an *wirkliche* Kämpfe anzuknüpfen und mit ihnen zu identifizieren. Wir treten dann nicht der Welt doktrinär mit einem neuen Prinzip entgegen: Hier ist die Wahrheit, hier kniee nieder! Wir entwickeln der Welt aus den Prinzipien der Welt neue Prinzipien. Wir sagen ihr nicht: Laß ab von deinen Kämpfen, sie sind dummes Zeug; wir wollen dir die wahre Parole des Kampfes zuschrein. Wir zeigen ihr nur, warum sie eigentlich kämpft, und das Bewußtsein ist eine Sache, die sie sich aneignen *muß*, wenn sie auch nicht will. […] Die Reform des Bewußtseins besteht *nur* darin, daß man die Welt ihr Bewußtsein innewerden läßt, daß man sie aus dem Traum über sich selbst aufweckt, daß man ihre eignen Aktionen ihr *erklärt*. Unser ganzer Zweck kann in nichts anderem bestehn, wie dies auch bei Feuerbachs Kritik der Religion der Fall ist, als daß die religiösen und politischen Fragen in die selbstbewußte menschliche Form gebracht werden.

Unser Wahlspruch muß also sein: Reform des Bewußtseins nicht durch Dogmen, sondern durch Analysierung des mystischen, sich selbst unklaren Bewußtseins, trete es nun religiös oder politisch auf. Es wird sich dann zeigen, daß die Welt längst den Traum von einer Sache besitzt, von der sie nur das Bewußtsein besitzen muß, um sie wirklich zu besitzen. Es wird sich zeigen, daß es sich nicht um einen großen Gedankenstrich zwischen Vergangenheit und Zukunft handelt, sondern um die *Vollziehung* der Gedanken der Vergangenheit. Es wird sich endlich zeigen, daß die Menschheit keine *neue* Arbeit beginnt, sondern mit Bewußtsein ihre alte Arbeit zustande bringt.

(1843, MEW, Bd. 1)

3. KAPITEL

»Das Kapital feiert seine Orgien« –
Die Lage der labouring poor

Kampf um den Normalarbeitstag
Aus: *Das Kapital*

Wieviel kostet ein Arbeiter?
Aus: *Neue Oder-Zeitung*

»Koaliert euch nicht!«
Aus: *Das Elend der Philosophie*

Entfremdete Arbeit
Aus: *Ökonomisch-philosophische Manuskripte*

Debatten über das Holzdiebstahlsgesetz

Brief an Antoinette Philips

Es war Friedrich Engels, der Marx aus den philosophischen Ideenhimmeln abholte und ihm zeigte, wie es auf der Erde unter den »labouring poor« aussah. Durch Engels kam Marx zur Nationalökonomie, wo er im wesentlichen für den Rest seines Gelehrtenlebens blieb. Die soziale Empörung befeuerte seine Forschungslust nicht weniger als der politische Widerstand gegen die Willkür der Reaktion. Marx hat viel von dem getrieben, was wir heute ›Sozialreportage‹ nennen und etliches davon als Anschauungsmaterial im »Kapital« verwendet – so z. B. den »Kampf um den Normalarbeitstag«. Seine Parteinahme für die labouring poor prägt auch seine Philosophie (siehe den Auszug aus den »Ökonomisch-philosophischen Manuskripten«) und kehrt wieder in dem frühen Bericht über Verhandlungen des Rheinischen Landtages zum Holzdiebstahlsgesetz. Der Brief an Antoinette Philips steht neben dem Kapitel-Thema. Er zeigt Marx als verfemten Exilanten und als Meister des Postskripts.

Der Kampf um den Normalarbeitstag
Aus: *Das Kapital,* Bd. 1

Es versteht sich zunächst von selbst, daß der Arbeiter seinen
ganzen Lebenstag durch nichts ist außer Arbeitskraft, daß daher
alle seine disponible Zeit von Natur und Rechts wegen Arbeitszeit ist, also der Selbstverwertung des Kapitals angehört. Zeit zu
menschlicher Bildung, zu geistiger Entwicklung, zur Erfüllung
sozialer Funktionen, zu geselligem Verkehr, zum freien Spiel
der physischen und geistigen Lebenskräfte, selbst die Feierzeit
des Sonntags – und wäre es im Lande der Sabbatheiligen – reiner Firlefanz! Aber in seinem maßlos blinden Trieb, seinem
Werwolfs-Heißhunger nach Mehrarbeit, überrennt das Kapital
nicht nur die moralischen, sondern auch die rein physischen
Maximalschranken des Arbeitstags. Es usurpiert die Zeit für
Wachstum, Entwicklung und gesunde Erhaltung des Körpers.
Es raubt die Zeit, erheischt zum Verzehr von freier Luft und
Sonnenlicht. Es knickert ab an der Mahlzeit und einverleibt sie
womöglich dem Produktionsprozeß selbst, so daß dem Arbeiter
als bloßem Produktionsmittel Speisen zugesetzt werden wie
dem Dampfkessel Kohle und der Maschinerie Talg oder Öl. Den
gesunden Schlaf zur Sammlung, Erneuerung und Erfrischung
der Lebenskraft reduziert es auf so viel Stunden Erstarrung, als
die Wiederbelebung eines absolut erschöpften Organismus un-
entbehrlich macht. Statt daß die normale Erhaltung der Arbeitskraft hier die Schranke des Arbeitstags, bestimmt umgekehrt die größte täglich mögliche Verausgabung der Arbeitskraft, wie krankhaft gewaltsam und peinlich auch immer, die
Schranke für die Rastzeit des Arbeiters. Das Kapital fragt nicht
nach der Lebensdauer der Arbeitskraft. Was es interessiert, ist
einzig und allein das Maximum von Arbeitskraft, das in einem
Arbeitstag flüssig gemacht werden kann. Es erreicht dies Ziel
durch Verkürzung der Dauer der Arbeitskraft, wie ein habgieri-
ger Landwirt gesteigerten Bodenertrag durch Beraubung der
Bodenfruchtbarkeit erreicht.

Die kapitalistische Produktion, die wesentlich Produktion
von Mehrwert, Einsaugung von Mehrarbeit ist, produziert also
mit der Verlängerung des Arbeitstags nicht nur die Verkümmerung der menschlichen Arbeitskraft, welche ihrer normalen moralischen und physischen Entwicklungs- und Betätigungsbedin-
gungen beraubt wird. Sie produziert die vorzeitige Erschöpfung

und Abtötung der Arbeitskraft selbst. Sie verlängert die Produktionszeit des Arbeiters während eines gegebenen Termins durch Verkürzung seiner Lebenszeit.

Der Wert der Arbeitskraft schließt aber den Wert der Waren ein, welche zur Reproduktion des Arbeiters oder zur Fortpflanzung der Arbeiterklasse erheischt sind. Wenn also die naturwidrige Verlängerung des Arbeitstags, die das Kapital in seinem maßlosen Trieb nach Selbstverwertung notwendig anstrebt, die Lebensperiode der einzelnen Arbeiter und damit die Dauer ihrer Arbeitskraft verkürzt, wird rascherer Ersatz der verschlissenen nötig, also das Eingehen größerer Verschleißkosten in die Reproduktion der Arbeitskraft, ganz wie der täglich zu reproduzierende Wertteil einer Maschine um so größer ist, je rascher sie verschleißt. Das Kapital scheint daher durch sein eignes Interesse auf einen Normalarbeitstag hingewiesen. [...]

Allerdings zeigt die Erfahrung dem verständigen Beobachter auf der andren Seite, wie rasch und tief die kapitalistische Produktion, die, geschichtlich gesprochen, kaum von gestern datiert, die Volkskraft an der Lebenswurzel ergriffen hat, wie die Degeneration der industriellen Bevölkerung nur durch beständige Absorption naturwüchsiger Lebenselemente vom Lande verlangsamt wird und wie selbst die ländlichen Arbeiter, trotz freier Luft und des unter ihnen so allmächtig waltenden principle of natural selection, das nur die kräftigsten Individuen aufkommen läßt, schon abzuleben beginnen. Das Kapital, das so »gute Gründe« hat, die Leiden der es umgebenden Arbeitergeneration zu leugnen, wird in seiner praktischen Bewegung durch die Aussicht auf zukünftige Verfaulung der Menschheit und schließlich doch unaufhaltsame Entvölkerung so wenig und so viel bestimmt als durch den möglichen Fall der Erde in die Sonne. In jeder Aktienschwindelei weiß jeder, daß das Unwetter einmal einschlagen muß, aber jeder hofft, daß es das Haupt seines Nächsten trifft, nachdem er selbst den Goldregen aufgefangen und in Sicherheit gebracht hat. Après moi le déluge! ist der Wahlruf jedes Kapitalisten und jeder Kapitalistennation. Das Kapital ist daher rücksichtslos gegen Gesundheit und Lebensdauer des Arbeiters, wo es nicht durch die Gesellschaft zur Rücksicht gezwungen wird. Der Klage über physische und geistige Verkümmerung, vorzeitigen Tod, Tortur der Überarbeit, antwortet es: Sollte diese Qual uns quälen, da sie unsre Lust (den Profit) vermehrt? Im großen und ganzen hängt dies aber auch nicht vom guten oder bösen Willen des einzelnen Kapitalisten ab. Die freie Konkurrenz macht die immanenten Gesetze der kapitalistischen Produktion dem einzelnen Kapitalisten gegenüber als äußerliches Zwangsgesetz geltend.

Die Festsetzung eines normalen Arbeitstages ist das Resultat eines vielhundertjährigen Kampfes zwischen Kapitalist und Arbeiter. Doch zeigt die Geschichte dieses Kampfes zwei entgegengesetzte Strömungen. Man vergleiche z. B. die englische Fabrikgesetzgebung unsrer Zeit mit den englischen Arbeitsstatuten vom 14. bis tief in die Mitte des 18. Jahrhunderts. Während das moderne Fabrikgesetz den Arbeitstag gewaltsam abkürzt, suchen ihn jene Statute gewaltsam zu verlängern. Allerdings erscheinen die Ansprüche des Kapitals im Embryozustand, wo es erst wird, also noch nicht durch bloße Gewalt der ökonomischen Verhältnisse, sondern auch durch Hilfe der Staatsmacht sein Einsaugungsrecht eines genügenden Quantums Mehrarbeit sichert, ganz und gar bescheiden, vergleicht man sie mit den Konzessionen, die es in seinem Mannesalter knurrend und widerstrebig machen muß. Es kostet Jahrhunderte, bis der »freie« Arbeiter infolge entwickelter kapitalistischer Produktionsweise sich freiwillig dazu versteht, d. h. gesellschaftlich gezwungen ist, für den Preis seiner gewohnheitsmäßigen Lebensmittel seine ganze aktive Lebenszeit, ja seine Arbeitsfähigkeit selbst, seine Erstgeburt für ein Gericht Linsen zu verkaufen. Es ist daher natürlich, daß die Verlängerung des Arbeitstages, die das Kapital von Mitte des 14. bis Ende des 17. Jahrhunderts staatsgewaltig den volljährigen Arbeitern aufzudringen sucht, ungefähr mit der Schranke der Arbeitszeit zusammenfällt, die in der zweiten Hälfte des 19. Jahrhunderts der Verwandlung von Kinderblut in Kapital hier und da von Staats wegen gezogen wird. Was heute, z. B. im Staate Massachusetts, bis jüngst dem freisten Staate der nordamerikanischen Republik, als Staatsschranke der Arbeit von Kindern unter 12 Jahren proklamiert ist, war in England noch Mitte des 17. Jahrhunderts der normale Arbeitstag vollblütiger Handwerker, robuster Ackerknechte und riesenhafter Grobschmiede. [...]

Nachdem das Kapital Jahrhunderte gebraucht, um den Arbeitstag bis zu seinen normalen Maximalgrenzen und dann über diese hinaus, bis zu den Grenzen des natürlichen Tags von 12 Stunden zu verlängern, erfolgte nun, seit der Geburt der großen Industrie im letzten Drittel des 18. Jahrhunderts, eine lawinenartig gewaltsame und maßlose Überstürzung. Jede Schranke von Sitte und Natur, Alter und Geschlecht, Tag und Nacht, wurde zertrümmert. Selbst die Begriffe von Tag und Nacht, bäuerlich einfach in den alten Statuten, verschwammen so sehr, daß ein englischer Richter noch 1860 wahrhaft talmudistischen Scharfsinn aufbieten mußte, um »urteilskräftig« zu erklären, was Tag und Nacht sei. Das Kapital feierte seine Orgien.

Sobald die vom Produktionslärm übertölpelte Arbeiterklasse wieder einigermaßen zur Besinnung kam, begann ihr Widerstand, zunächst im Geburtsland der großen Industrie, in England. Während drei Dezennien jedoch blieben die von ihr ertrotzten Konzessionen rein nominell. Das Parlament erließ fünf Arbeits-Akte von 1802 bis 1833, war aber so schlau, keinen Pfennig für ihre zwangsmäßige Ausführung, das nötige Beamtenpersonal usw. zu votieren. Sie blieben ein toter Buchstabe.

»Die Tatsache ist, daß vor dem Akt von 1833 Kinder und junge Personen abgearbeitet wurden (were worked) die ganze Nacht, den ganzen Tag, oder beide ad libitum.« [...]

Die Schöpfung des Normalarbeitstages ist [...] Produkt eines langwierigen, mehr oder minder versteckten Bürgerkriegs zwischen der Kapitalistenklasse und der Arbeiterklasse. [...] Die englischen Fabrikarbeiter waren die Preisfechter nicht nur der englischen, sondern der modernen Arbeiterklasse überhaupt, wie auch ihre Theoretiker der Theorie des Kapitals zuerst den Fehdehandschuh hinwarfen. Der Fabrikphilosoph Ure denunziert es daher als unauslöschliche Schmach der englischen Arbeiterklasse, daß sie »die Sklaverei der Fabrikakte« auf ihre Fahne schrieb gegenüber dem Kapital, das männlich für »vollkommne Freiheit der Arbeit« stritt.

Frankreich hinkt langsam hinter England her. Es bedarf der Februarrevolution zur Geburt des Zwölfstundengesetzes, das viel mangelhafter ist als sein englisches Original. Trotzdem macht die französische revolutionäre Methode auch ihre eigentümlichen Vorzüge geltend. Mit einem Schlag diktiert sie allen Ateliers und Fabriken ohne Unterschied dieselbe Schranke des Arbeitstags, während die englische Gesetzgebung bald an diesem Punkt, bald an jenem, dem Druck der Verhältnisse widerwillig weicht und auf dem besten Weg ist, einen neuen juristischen Rattenkönig auszubrüten. Andrerseits proklamiert das französische Gesetz prinzipiell, was in England nur im Namen von Kindern, Unmündigen und Frauenzimmern erkämpft und erst neuerdings als allgemeines Recht beansprucht wird.

In den Vereinigten Staaten von Nordamerika blieb jede selbständige Arbeiterbewegung gelähmt, solange die Sklaverei einen Teil der Republik verunstaltete. Die Arbeit in weißer Haut kann sich nicht dort emanzipieren, wo sie in schwarzer Haut gebrandmarkt wird. Aber aus dem Tod der Sklaverei entsproß sofort ein neu verjüngtes Leben. Die erste Frucht des Bürgerkriegs war die Achtstundenagitation, mit den Siebenmeilenstiefeln der Lokomotive vom Atlantischen bis zum Stillen Ozean ausschreitend, von Neuengland bis nach Kalifornien. Der allgemeine Arbeiterkongreß zu Baltimore (Aug. 1866) erklärt:

»Das erste und große Erheischnis der Gegenwart, um die Arbeit dieses Landes von der kapitalistischen Sklaverei zu befreien, ist der Erlaß eines Gesetzes, wodurch 8 Stunden den Normalarbeitstag in allen Staaten der amerikanischen Union bilden sollen. Wir sind entschlossen, alle unsre Macht aufzubieten, bis dies glorreiche Resultat erreicht ist.«

Gleichzeitig (Anfang September 1866) beschloß der »Internationale Arbeiterkongreß« zu Genf auf Vorschlag des Londoner Generalrats: »Wir erklären die Beschränkung des Arbeitstags für eine vorläufige Bedingung, ohne welche alle andren Bestrebungen nach Emanzipation scheitern müssen… Wir schlagen 8 Arbeitsstunden als legale Schranke des Arbeitstags vor.«

So besiegelt die auf beiden Seiten des Atlantischen Meers instinktiv aus den Produktionsverhältnissen selbst erwachsne Arbeiterbewegung den Ausspruch des englischen Fabrikinspektors R. J. Saunders:

»Weitere Schritte zur Reform der Gesellschaft sind niemals mit irgendeiner Aussicht auf Erfolg durchzuführen, wenn nicht zuvor der Arbeitstag beschränkt und seine vorgeschriebne Schranke strikt erzwungen wird.«

Man muß gestehn, daß unser Arbeiter anders aus dem Produktionsprozeß herauskommt, als er in ihn eintrat. Auf dem Markt trat er als Besitzer der Ware »Arbeitskraft« andren Warenbesitzern gegenüber, Warenbesitzer dem Warenbesitzer. Der Kontrakt, wodurch er dem Kapitalisten seine Arbeitskraft verkaufte, bewies sozusagen schwarz auf weiß, daß er frei über sich selbst verfügt. Nach geschlossenem Handel wird entdeckt, daß er »kein freier Agent« war, daß […] in der Tat sein Sauger nicht losläßt, »solange noch ein Muskel, eine Sehne, ein Tropfen Bluts auszubeuten«. Zum »Schutz« gegen die Schlange ihrer Qualen müssen die Arbeiter ihre Köpfe zusammenrotten und als Klasse ein Staatsgesetz erzwingen, ein übermächtiges gesellschaftliches Hindernis, das sie selbst verhindert, durch freiwilligen Kontrakt mit dem Kapital sich und ihr Geschlecht in Tod und Sklaverei zu verkaufen. An die Stelle des prunkvollen Katalogs der »unveräußerlichen Menschenrechte« tritt die bescheidne Magna Charta eines gesetzlich beschränkten Arbeitstags, die »endlich klarmacht, wann die Zeit, die der Arbeiter verkauft, endet und wann die ihm selbst gehörige Zeit beginnt«. Quantum mutatus ab illo!

(1867, MEW, Bd. 23)

Wieviel kostet ein Arbeiter?

Aus: *Neue Oder-Zeitung*

Wir lesen von einer jungen Frau, »die ihre rechte Hand verlor«, von einem Kinde, das »seine Nasenknochen eingestampft und auf beiden Augen die Sehkraft durch die Maschine zerstört hatte«, von einem Manne, dem das »linke Bein abgesägt, der rechte Arm an drei oder vier Stellen gebrochen, der Kopf furchtbar verstümmelt wurde«; von einem Jüngling, dem »der linke Arm aus dem Schultergelenk gerissen, nebst anderen Beschädigungen« und von einem andern Jüngling, der »beide Arme aus den Schultergelenken gerissen, den Unterleib zerfetzt hatte, so daß die Eingeweide herausbrachen, beide Schenkel und den Kopf zerquetscht« etc. etc. Das Industriebulletin der Fabrikinspektoren ist furchtbarer, entsetzlicher als irgendeins der Schlachtbulletins von der Krim. Weiber und Kinder stellen ein regelmäßiges und bedeutendes Kontingent zur Liste der Verwundeten und Getöteten. Tod und Wunden sind nicht rühmlicher als die Farben, die die Peitsche des Plantagenbesitzers auf den Leib des Negers zeichnet. Sie sind beinahe ausschließlich verschuldet durch Versäumung der gesetzlich vorgeschriebenen *Einfriedigungen* der Maschinen. Man wird sich erinnern, daß die Fabrikanten von Manchester [...] das Kabinett mit Deputationen bestürmten, mit Protesten gegen die Akte, die gewisse Sicherheitsvorkehrungen beim Gebrauch der Maschinerien befiehlt. Da sie das Gesetz zunächst nicht umwerfen konnten, suchten sie den Fabrikinspektor L[eonard] Horner zu beseitigen, wegzuintrigieren und einen gefügeren Gesetzeswächter an seine Stelle zu spielen. Bisher noch ohne Erfolg. Sie behaupteten, die Einführung der Sicherheitsapparate werde ihren Profit aufessen. Horner beweist jetzt, daß sich wenige Fabriken in seinem Distrikt befinden, die nicht zu dem Preise von 10 Pfd. St. sicher gemacht werden könnten. Die Gesamtzahl der aus der Maschinerie entspringenden Unfälle während der sechs Monate, die der Bericht einschließt, beträgt 1788, darunter 18 *tödliche*. Der Totalbetrag der den Fabrikanten auferlegten Geldstrafen, des von ihnen geleisteten Schadenersatzes usw. beläuft sich in derselben Periode auf 298 Pfd. St. Um diese Summe vollzumachen, sind eingeschlossen die Geldstrafen für »Arbeitenlassen während gesetzwidriger Stunden«, für »Anwendung von Kindern unter 8 Jahren« usw., so daß die für 18 Todesfälle und 1770 Verstümmelungen verhängten Geldstrafen noch lange nicht 298 Pfd. St. erreichen. 298 Pfd. St.! Es ist weniger als der Preis eines Rennpferdes dritter Klasse!

(1855, MEW, Bd. 11)

»Koaliert euch nicht!«
Aus: *Das Elend der Philosophie*

Die Ökonomen sagen zu den Arbeitern: Koaliert euch nicht. Indem ihr euch koaliert, hemmt ihr den regelmäßigen Gang der Industrie, verhindert ihr die Fabrikanten, den Bestellungen nachzukommen, stört ihr den Handel und beschleunigt das Eindringen der Maschinen, die eure Arbeit zum Teil überflüssig machen und dadurch euch zwingen, einen noch niedrigeren Lohn zu akzeptieren. Übrigens ist euer Tun umsonst; euer Lohn wird stets durch das Verhältnis der gesuchten Hände zu den angebotenen Händen bestimmt werden. Und es ist ein ebenso lächerliches wie gefährliches Beginnen, euch gegen die ewigen Gesetze der politischen Ökonomie aufzulehnen.

Die Sozialisten sagen zu den Arbeitern: Koaliert euch nicht, denn was werdet ihr schließlich dabei gewinnen? Eine Lohnsteigerung? Die Ökonomen werden euch bis zur Evidenz beweisen, daß auf den Gewinn von wenigen Pfennigen, den ihr günstigenfalls dabei für eine kurze Zeit erzielen könnt, ein dauernder Rückschlag folgen wird. Geschickte Rechner werden euch beweisen, daß ihr Jahre braucht, um mittelst der Lohnerhöhung nur die Kosten herauszuschlagen, die ihr zur Organisation und Erhaltung der Koalitionen ausgeben mußtet. Wir, in unserer Eigenschaft als Sozialisten, sagen euch, daß, abgesehen von dieser Geldfrage, ihr darum nicht minder die Arbeiter sein werdet, wie die Meister stets die Meister bleiben, nach wie vor. Darum keine Koalitionen, keine Politik; denn sich koalieren, heißt das nicht Politik treiben?

Die Ökonomen wollen, daß die Arbeiter in der Gesellschaft bleiben, wie dieselbe sich gestaltet hat und wie sie sie in ihren Handbüchern gezeichnet und besiegelt haben.

Die Sozialisten wollen, daß sie die alte Gesellschaft beiseite lassen, um desto besser in die neue Gesellschaft eintreten zu können, die sie ihnen mit so vieler Vorsorge ausgearbeitet haben.

Trotz beider, trotz Handbücher und Utopien, haben die Arbeiterkoalitionen keinen Augenblick aufgehört, mit der Entwicklung und der Zunahme der modernen Industrie sich zu entwickeln und zu wachsen. Das ist heute so sehr der Fall, daß der Entwicklungsgrad der Koalitionen in einem Lande genau den Rang bezeichnet, den dasselbe in der Hierarchie des Weltmarktes einnimmt. England, wo die Industrie am höchsten entwikkelt ist, besitzt die umfangreichsten und bestorganisierten Koalitionen. [...]

Die ersten Versuche der Arbeiter, *sich* untereinander zu *assoziieren*, nehmen stets die Form von Koalitionen an.

Die Großindustrie bringt eine Menge einander unbekannter Leute an einem Ort zusammen. Die Konkurrenz spaltet sie in ihren Interessen; aber die Aufrechterhaltung des Lohnes, dieses gemeinsame Interesse gegenüber ihrem Meister, vereinigt sie in einem gemeinsamen Gedanken des Widerstandes – *Koalition*. So hat die Koalition stets einen doppelten Zweck, den, die Konkurrenz der Arbeiter unter sich aufzuheben, um dem Kapitalisten eine allgemeine Konkurrenz machen zu können. Wenn der erste Zweck des Widerstandes nur die Aufrechterhaltung der Löhne war, so formieren sich die anfangs isolierten Koalitionen in dem Maß, wie die Kapitalisten ihrerseits sich behufs der Repression vereinigen zu Gruppen, und gegenüber dem stets vereinigten Kapital wird die Aufrechterhaltung der Assoziationen notwendiger für sie als die des Lohnes. Das ist so wahr, daß die englischen Ökonomen ganz erstaunt sind zu sehen, wie die Arbeiter einen großen Teil ihres Lohnes zugunsten von Assoziationen opfern, die in den Augen der Ökonomen nur zugunsten des Lohnes errichtet wurden. In diesem Kampfe – ein veritabler Bürgerkrieg – vereinigen und entwickeln sich alle Elemente für eine kommende Schlacht. Einmal auf diesem Punkte angelangt, nimmt die Koalition einen politischen Charakter an.

Die ökonomischen Verhältnisse haben zuerst die Masse der Bevölkerung in Arbeiter verwandelt. Die Herrschaft des Kapitals hat für diese Masse eine gemeinsame Situation, gemeinsame Interessen geschaffen. So ist diese Masse bereits eine Klasse gegenüber dem Kapital, aber noch nicht für sich selbst. In dem Kampf, den wir nur in einigen Phasen gekennzeichnet haben, findet sich diese Masse zusammen, konstituiert sie sich als Klasse für sich selbst. Die Interessen, welche sie verteidigt, werden Klasseninteressen. Aber der Kampf von Klasse gegen Klasse ist ein politischer Kampf. [...]

Man hat viele Untersuchungen angestellt, um den verschiedenen historischen Phasen nachzuspüren, welche die Bourgeoisie von der Stadtgemeinde an bis zu ihrer Konstituierung als Klasse durchlaufen hat.

Aber wenn es sich darum handelt, sich genau Rechenschaft abzulegen über die Strikes, Koalitionen und die anderen Formen, unter welchen die Proletarier vor unseren Augen ihre Organisation als Klasse vollziehen, so werden die einen von einer wirklichen Furcht befallen, während die anderen eine *transzendentale* Geringschätzung an den Tag legen.

Eine unterdrückte Klasse ist die Lebensbedingung jeder auf den Klassengegensatz begründeten Gesellschaft. Die Befreiung der unterdrückten Klasse schließt also notwendigerweise die Schaffung einer neuen Gesellschaft ein. Soll die unterdrückte Klasse sich befreien können, so muß eine Stufe erreicht sein, auf der die bereits erworbenen Produktivkräfte und die geltenden gesellschaftlichen Einrichtungen nicht mehr nebeneinander bestehen können. Von allen Produktionsinstrumenten ist die größte Produktivkraft die revolutionäre Klasse selbst. Die Organisation der revolutionären Elemente als Klasse setzt die fertige Existenz aller Produktivkräfte voraus, die sich überhaupt im Schoß der alten Gesellschaft entfalten konnten.

Heißt dies, daß es nach dem Sturz der alten Gesellschaft eine neue Klassenherrschaft geben wird, die in einer neuen politischen Gewalt gipfelt? Nein.

Die Bedingung der Befreiung der arbeitenden Klasse ist die Abschaffung jeder Klasse, wie die Bedingung der Befreiung des dritten Standes, der bürgerlichen Ordnung, die Abschaffung aller Stände war.

106

Die arbeitende Klasse wird im Laufe der Entwicklung an die Stelle der alten bürgerlichen Gesellschaft eine Assoziation setzen, welche die Klassen und ihren Gegensatz ausschließt, und es wird keine eigentliche politische Gewalt mehr geben, weil gerade die politische Gewalt der offizielle Ausdruck des Klassengegensatzes innerhalb der bürgerlichen Gesellschaft ist. Inzwischen ist der Gegensatz zwischen Proletariat und Bourgeoisie ein Kampf von Klasse gegen Klasse, ein Kampf, der, auf seinen höchsten Ausdruck gebracht, eine totale Revolution bedeutet. Braucht man sich übrigens zu wundern, daß eine auf den Klassen*gegensatz* begründete Gesellschaft auf den brutalen *Widerspruch* hinausläuft, auf den Zusammenstoß Mann gegen Mann als letzte Lösung?

Man sage nicht, daß die gesellschaftliche Bewegung die politische ausschließt. Es gibt keine politische Bewegung, die nicht gleichzeitig auch eine gesellschaftliche wäre.

Nur bei einer Ordnung der Dinge, wo es keine Klassen und keinen Klassengegensatz gibt, werden die *gesellschaftlichen Evolutionen* aufhören, *politische Revolutionen* zu sein. Bis dahin wird am Vorabend jeder allgemeinen Neugestaltung der Gesellschaft das letzte Wort der sozialen Wissenschaft stets lauten: »Kampf oder Tod; blutiger Krieg oder das Nichts. So ist die Frage unerbittlich gestellt.« George Sand

(1847, MEW Bd. 4)

Entfremdete Arbeit
Aus: *Ökonomisch-philosophische Manuskripte*

Versetzen wir uns nicht wie der Nationalökonom, wenn er erklären will, in einen nur erdichteten Urzustand. Ein solcher Urzustand erklärt nichts. Er schiebt bloß die Frage in eine graue, nebelhafte Ferne. Er unterstellt in der Form der Tatsache, des Ereignisses, was er deduzieren soll, nämlich das notwendige

Verhältnis zwischen zwei Dingen, z. B. zwischen Teilung der Arbeit und Austausch. So erklärt die Theologie den Ursprung des Bösen durch den Sündenfall, d. h., er unterstellt als ein Faktum, in der Form der Geschichte, was er erklären soll.

Wir gehn von einem nationalökonomischen, *gegenwärtigen* Faktum aus.

Der Arbeiter wird um so ärmer, je mehr Reichtum er produziert, je mehr seine Produktion an Macht und Umfang zunimmt. Der Arbeiter wird eine um so wohlfeilere Ware, je mehr Waren er schafft. Mit der *Verwertung* der Sachenwelt nimmt die *Entwertung* der Menschenwelt in direktem Verhältnis zu. Die Arbeit produziert nicht nur Waren; sie produziert sich selbst und den Arbeiter als eine *Ware*, und zwar in dem Verhältnis, in welchem sie überhaupt Waren produziert.

Dies Faktum drückt weiter nichts aus als: Der Gegenstand, den die Arbeit produziert, ihr Produkt, tritt ihr als ein *fremdes Wesen*, als eine von dem Produzenten *unabhängige Macht* gegenüber. Das Produkt der Arbeit ist die Arbeit, die sich in einem Gegenstand fixiert, sachlich gemacht hat, es ist die *Vergegenständlichung* der Arbeit. Die Verwirklichung der Arbeit ist ihre Vergegenständlichung. Diese Verwirklichung der Arbeit erscheint in dem nationalökonomischen Zustand als *Entwirklichung* des Arbeiters, die Vergegenständlichung als *Verlust und Knechtschaft des Gegenstandes*, die Aneignung als *Entfremdung*, als *Entäußerung*.

Die Verwirklichung der Arbeit erscheint so sehr als Entwirklichung, daß der Arbeiter bis zum Hungertod entwirklicht wird. Die Vergegenständlichung erscheint so sehr als Verlust des Gegenstandes, daß der Arbeiter der notwendigsten Gegenstände, nicht nur des Lebens, sondern auch der Arbeitsgegenstände, beraubt ist. Ja, die Arbeit selbst wird zu einem Gegenstand, dessen er nur mit der größten Anstrengung und mit den unregelmäßigsten Unterbrechungen sich bemächtigen kann. Die Aneignung des Gegenstandes erscheint so sehr als Entfremdung, daß, je mehr Gegenstände der Arbeiter produziert, er um so weniger besitzen kann und um so mehr unter die Herrschaft seines Produkts, des Kapitals, gerät.

In der Bestimmung, daß der Arbeiter zum *Produkt seiner Arbeit* als einem *fremden* Gegenstand sich verhält, liegen alle diese Konsequenzen. Denn es ist nach dieser Voraussetzung klar: Je mehr der Arbeiter sich ausarbeitet, um so mächtiger wird die fremde, gegenständliche Welt, die er sich gegenüber schafft, um so ärmer wird er selbst, seine innre Welt, um so weniger gehört ihm zu eigen. Es ist ebenso in der Religion. Je mehr der Mensch in Gott setzt, je weniger behält er in sich selbst. Der Arbeiter legt sein Leben in den Gegenstand; aber nun gehört es nicht mehr ihm, sondern dem Gegenstand. Die [...] *Entäußrung* des Arbeiters in seinem Produkt hat die Bedeutung, nicht nur, daß seine Arbeit zu einem Gegenstand, zu einer *äußern* Existenz wird, sondern daß sie *außer ihm*, unabhängig, fremd von ihm existiert und eine selbständige Macht ihm gegenüber wird, daß das Leben, was er dem Gegenstand verliehn hat, ihm feindlich und fremd gegenübertritt. [...]

Eine unmittelbare Konsequenz davon, daß der Mensch dem Produkt seiner Arbeit, seiner Lebenstätigkeit, seinem Gattungswesen entfremdet ist, ist die *Entfremdung des Menschen* von dem *Menschen.* Wenn der Mensch sich selbst gegenübersteht, so steht ihm der *andre* Mensch gegenüber. Was von dem Verhältnis des Menschen zu seiner Arbeit, zum Produkt seiner Arbeit und zu sich selbst, das gilt von dem Verhältnis des Menschen zum andren Menschen, wie zu der Arbeit und dem Gegenstand der Arbeit des andren Menschen.

Überhaupt, der Satz, daß der Mensch seinem Gattungswesen entfremdet ist, heißt, daß ein Mensch dem andern, wie jeder von ihnen dem menschlichen Wesen entfremdet ist.

Die Entfremdung des Menschen, überhaupt jedes Verhältnis, in dem der Mensch zu sich selbst [steht], ist erst verwirklicht, drückt sich aus in dem Verhältnis, in welchem der Mensch zu d[em] andren Menschen steht.

Also betrachtet in dem Verhältnis der entfremdeten Arbeit jeder Mensch den andren nach dem Maßstab und dem Verhältnis, in welchem er selbst als Arbeiter sich befindet.

Wir gingen aus von einem nationalökonomischen Faktum, der Entfremdung des Arbeiters und seiner Produktion. Wir haben den Begriff dieses Faktums ausgesprochen: die *entfremdete, entäußerte* Arbeit. Wir haben diesen Begriff analysiert, also bloß ein nationalökonomisches Faktum analysiert.

Sehn wir nun weiter, wie sich der Begriff der entfremdeten, entäußerten Arbeit in der Wirklichkeit aussprechen und darstellen muß.

Wenn das Produkt der Arbeit mir fremd ist, mir als fremde Macht gegenübertritt, wem gehört es dann?

Wenn meine eigne Tätigkeit nicht mir gehört, eine fremde, eine erzwungne Tätigkeit ist, wem gehört sie dann?

Einem *andern* Wesen als mir.

Wer ist dies Wesen?

Die *Götter?* Allerdings erscheint in den ersten Zeiten die Hauptproduktion, wie z. B. der Tempelbau etc. in Ägypten, Indien, Mexiko, sowohl im Dienst der Götter, wie auch das Produkt den Göttern gehört. Allein, die Götter allein waren nie die Arbeitsherrn. Ebensowenig die *Natur.* Und welcher Widerspruch wäre es auch, daß, je mehr der Mensch die Natur durch seine Arbeit sich unterwirft, je mehr die Wunder der Götter überflüssig werden durch die Wunder der Industrie, der Mensch diesen Mächten zulieb auf die Freude an der Produktion und auf den Genuß des Produktes verzichten sollte.

Das *fremde* Wesen, dem die Arbeit und das Produkt der Arbeit gehört, in dessen Dienst die Arbeit und zu dessen Genuß das Produkt der Arbeit steht, kann nur der *Mensch* selbst sein.

(1844, MEW, Bd. 40)

Debatten über das Holzdiebstahlsgesetz*

Die liberalsten Gesetzgebungen haben sich in *privatrechtlicher* Hinsicht darauf beschränkt, die Rechte, welche sie vorfanden, zu formulieren und ins Allgemeine zu erheben. Wo sie keine Rechte vorfanden, gaben sie keine. Die partikularen Gewohnheiten schafften sie ab, aber sie vergaßen dabei, daß, wenn das Unrecht der Stände in der Form willkürlicher Anmaßung, das Recht der Standeslosen in der Form zufälliger Konzessionen erschien. Ihr Verfahren war richtig gegen die, welche Gewohnheiten außer dem Recht, aber es war unrichtig gegen die, welche Gewohnheiten ohne das Recht hatten. Wie sie die willkürlichen Anmaßungen, soweit ein vernünftiger Rechtsinhalt in ihnen zu finden, in gesetzliche Ansprüche, so hätten sie auch die zufälligen Konzessionen in notwendige verwandeln müssen. Wir können an einem Beispiel, an den Klöstern, dies klarmachen. Man

---

* Wälder wurden zu Privatbesitz und den kleinen Leuten das gewohnheitsmäßige Sammeln von »Raffholz« dort verboten. B. S.

hat die Klöster aufgehoben, man hat ihr Eigentum säkularisiert, und man hat recht daran getan. Man hat aber die zufällige Unterstützung, welche die Armen in den Klöstern fanden, keineswegs in eine andere positive Besitzquelle verwandelt. Indem man das Klostereigentum zum Privateigentum machte und etwa die Klöster entschädigte, hat man nicht die Armen entschädigt, die von den Klöstern lebten. Man hat ihnen vielmehr eine neue Grenze gezogen und sie von einem alten Recht abgeschnitten. Dies fand bei allen Verwandlungen der Vorrechte in Rechte statt. Eine positive Seite dieser Mißbräuche, welche insofern auch ein Mißbrauch war, als sie das Recht der einen Seite zu einem Zufall machte, hat man nicht so entfernt, daß man den Zufall in eine Notwendigkeit umschuf, sondern so, daß man von ihm abstrahierte.

Die Einseitigkeit dieser Gesetzgebungen war eine notwendige, denn alle Gewohnheitsrechte der Armen basierten darauf, daß gewisses Eigentum einen schwankenden Charakter trug, der es nicht entschieden zum Privateigentum, aber auch nicht entschieden zum Gemeineigentum stempelte, eine Mischung von Privatrecht und öffentlichem Recht, wie sie uns in allen Institutionen des Mittelalters begegnet. Das Organ, mit welchem die Gesetzgebungen solche zweideutigen Gestaltungen auffaßten, war der Verstand, und der Verstand ist nicht nur einseitig, sondern es ist sein wesentliches Geschäft, die Welt einseitig zu machen, eine große und bewunderungswürdige Arbeit, denn nur die Einseitigkeit formiert und reißt das Besondere aus dem unorganischen Schleim des Ganzen. Der Charakter der Dinge ist ein Produkt des Verstandes. Jedes Ding muß sich isolieren und isoliert werden, um etwas zu sein. Indem der Verstand jeden Inhalt der Welt in eine feste Bestimmtheit bannt und das flüssige Wesen gleichsam versteinert, bringt er die Mannigfaltigkeit der Welt hervor, denn die Welt wäre nicht vielseitig ohne die vielen Einseitigkeiten.

Der Verstand hob also die zwitterhaften, schwankenden Formationen des Eigentums auf, indem er die vorhandenen Kategorien des abstrakten Privatrechts, deren Schema sich im römischen Recht vorfand, anwandte. Um so mehr glaubte der gesetzgebende Verstand berechtigt zu sein, die Verpflichtungen dieses schwankenden Eigentums gegen die ärmere Klasse aufzuheben, als er auch seine staatlichen Privilegien aufhob; allein er vergaß, daß, selbst rein privatrechtlich betrachtet, hier ein doppeltes Privatrecht vorlag, ein Privatrecht des Besitzers und ein Privatrecht des Nichtbesitzers, abgesehen davon, daß keine Gesetzge-

bung die staatsrechtlichen Privilegien des Eigentums abgeschafft, sondern sie nur ihres abenteuerlichen Charakters entkleidet und ihnen einen bürgerlichen Charakter erteilt hat.
Wenn aber jede mittelalterliche Gestalt des Rechts, also auch
das Eigentum, von allen Seiten zwitterartigen, dualistischen,
zwiespältigen Wesens war und der Verstand seinen Grundsatz
der Einheit gegen diesen Widerspruch der Bestimmung mit
Recht geltend machte, so übersah er, daß es Gegenstände des Eigentums gibt, die ihrer Natur nach nie den Charakter des vor-
herbestimmten Privateigentums erlangen können, die durch
ihr elementarisches Wesen und ihr zufälliges Dasein dem Okkupationsrecht anheimfallen, also dem Okkupationsrecht der
Klasse anheimfallen, welche eben durch das Okkupationsrecht
von allem andern Eigentum ausgeschlossen ist, welche in der
bürgerlichen Gesellschaft dieselbe Stellung einnimmt wie jene
Gegenstände in der Natur.

Man wird finden, daß die Gewohnheiten, welche Gewohnheiten der ganzen armen Klasse sind, mit sicherm Instinkt das
Eigentum an seiner *unentschiedenen* Seite zu fassen wissen, man
wird nicht nur finden, daß diese Klasse den Trieb fühlt, ein natürliches Bedürfnis, sondern ebensosehr, daß sie das Bedürfnis
fühlt, einen rechtlichen Trieb zu befriedigen. Das Raffholz dient
uns als Beispiel. Es steht so wenig in einem organischen Zusammenhang mit dem lebendigen Baum, als die abgestreifte Haut
mit der Schlange. Die Natur selbst stellt in den dürren, vom organischen Leben getrennten, geknickten Reisern und Zweigen
im Gegensatz zu den festwurzelnden, vollsaftigen, organisch
Luft, Licht, Wasser und Erde zu eigener Gestalt und individuellem Leben sich assimilierenden Bäumen und Stämmen gleichsam den Gegensatz der Armut und des Reichtums dar. Es ist
eine physische Vorstellung von Armut und Reichtum. Die
menschliche Armut fühlt diese Verwandtschaft und leitet aus
diesem Verwandtschaftsgefühl ihr Eigentumsrecht ab, und
wenn sie daher den physisch-organischen Reichtum dem prä-
meditierenden Eigentümer, so vindiziert sie die physische Armut dem Bedürfnis und seinem Zufall. Sie empfindet in diesem
Treiben der elementarischen Mächte eine befreundete Macht,
die humaner ist als die menschliche. An die Stelle der zufälligen
Willkür der Privilegierten ist der Zufall der Elemente getreten,
die von dem Privateigentum abreißen, was es nicht mehr von
sich abläßt. So wenig den Reichen Almosen, die auf die Straße
geworfen werden, gebühren, so wenig diese *Almosen der Natur.*
Aber auch in ihrer *Tätigkeit* findet die Armut schon ihr Recht.

Im *Sammeln* stellt sich die elementarische Klasse der menschlichen Gesellschaft ordnend den Produkten der elementarischen Naturmacht gegenüber. Ähnlich verhält es sich mit Produkten, die in wildem Wachstum ein ganz zufälliges Akzidens des Besitzes und schon wegen ihrer Unbedeutendheit keinen Gegenstand für die Tätigkeit des eigentlichen Eigentümers bilden; ähnlich verhält es sich mit dem Nachlesen, Nachernten und dergleichen Gewohnheitsrechten.

Es lebt also in diesen Gewohnheiten der armen Klasse ein instinktmäßiger Rechtssinn, ihre Wurzel ist positiv und legitim, und die Form des *Gewohnheitsrechts* ist hier um so naturgemäßer, als das *Dasein der armen Klasse selbst* bisher eine *bloße Gewohnheit* der bürgerlichen Gesellschaft ist, die in dem Kreis der bewußten Staatsgliederung noch keine angemessene Stelle gefunden hat.

(1842, MEW, Bd. 1)

Brief an Antoinette Philips

London, 17. Juli 1861

Meine holde kleine Cousine,

Ich hoffe, daß Du mein langes Schweigen nicht falsch ausgelegt hast. In der ersten Zeit wußte ich nicht genau, wohin ich meine Briefe richten sollte, ob nach Aachen oder nach Bommel. Dann drängte die Arbeit außerordentlich, und während der letzten 2 oder 3 Wochen habe ich an einer höchst lästigen Augenentzündung laboriert, die die Zeit, welche mir zum Schreiben und Lesen zur Verfügung stand, sehr beschränkte. Wenn ich also, mein liebes Kind, mich schuldig bekennen muß, so gibt es doch viele aufeinanderfolgende Umstände, die Du als ein gnädiger Richter, wie ich zuversichtlich glaube, bei Deinem Urteilsspruch berücksichtigen wirst. Auf alle Fälle würdest Du mir sehr unrecht tun, wenn Du annähmst, daß in dieser ganzen Zeit ein einziger Tag vorübergegangen wäre, ohne daß ich mich meiner lieben kleinen Freundin erinnert hätte.

Meine Berliner Angelegenheit ist noch zu keinem endgültigen Resultat gelangt. Du wirst Dich erinnern, daß während meiner Anwesenheit in der preußischen Metropole die Hohenzollern-Behörden nachzugeben schienen und mir sogar einen Paß für die Dauer eines Jahres aushändigten. Aber kaum hatte ich ihnen den Rücken gekehrt, als Lassalle zu seinem äußersten Erstaunen einen Brief von dem Polizeipräsidenten v. Zedlitz des Inhalts erhielt, daß ich wegen meiner »politischen Bescholtenheit« nicht »wieder eingebürgert« werden könnte. Gleichzeitig erklärte die preußische Regierung, daß *alle* politischen Flüchtlinge, die länger als 10 Jahre nicht in Preußen waren, ihr Bürgerrecht verloren haben, Ausländer geworden sind und daher, wie alle anderen Ausländer, nur nach Belieben des Königs wieder eingebürgert werden können. Mit anderen Worten: sie erklärten ihre sogenannte Amnestie für eine reine Täuschung, einen Betrug und einen Fallstrick. Das war der Punkt, wohin ich sie während meines Berliner Aufenthalts zu treiben versucht hatte, und es war mehr, als selbst die preußische Presse und das preußische Abgeordnetenhaus schweigend hinnehmen konnten. Zwangsläufig führte der Fall zu heftigen Diskussionen in den Zeitungen und zu einer Interpellation des Kabinetts im *Abgeordnetenhaus.* Für den Augenblick entzog sich das Kabinett der Sache durch einige zweideutige und widerspruchsvolle Feststellungen, aber das Ganze trug nicht wenig dazu bei, die Menschen in Deutschland ihrer Illusionen hinsichtlich der »neuen Ära« zu berauben, die durch den »Schönen Wilhelm«, wie ihn die Berliner unehrerbietig nennen, eingeleitet worden sein soll. [...]

Lassalle nahm schließlich Graf Schwerin, den Innenminister ins Gebet, der, um den heftigen Vorhaltungen meines Vertreters zu entkommen, ihm versprach, den ganzen Fall dem Berliner Magistrat zur Entscheidung zu überweisen – ein Versprechen, das er jedoch sehr wahrscheinlich nicht halten wird. Was mich selbst angeht, so habe ich zumindest eines erreicht, nämlich, die Berliner Regierung gezwungen zu haben, ihre liberale Maske fallenzulassen. Was meine Rückkehr nach Berlin anbelangt, so könnten sie, wenn ich es für richtig halte, vor Mai 1862 dorthin zu gehen, das nicht verhindern, da sie mir den Paß bewilligt haben. Wenn ich meine Rückkehr aufschieben sollte, so werden sich die Dinge in Preußen vielleicht so verändert haben, daß ich ihre Genehmigung nicht brauche. Es ist wirklich lächerlich, daß eine Regierung aus Furcht vor einer Privatperson soviel Aufhebens macht und sich so kompromittiert. Das Bewußtsein ihrer Schwäche muß schrecklich sein. [...]

Ich glaube nicht, mein liebes Kind, daß meine Frau und meine Töchter Gelegenheit finden werden, in diesem Jahre Bommel einen Besuch abzustatten, weil der Arzt meint, daß während der heißen Jahreszeit ein Seebad das Beste für sie wäre, um die Reste der furchtbaren Krankheit, die sie im vergangenen Herbst durchgemacht hat, loszuwerden. Andererseits hoffe ich, daß *Du* nicht Dein Versprechen vergißt, London zu besuchen, wo alle Mitglieder der Familie sich freuen werden, Dich zu empfangen. Es erübrigt sich, Dir zu sagen, daß mir nichts in der Welt größeres Vergnügen bereiten würde.

Ich hoffe, meine holde, kleine Zauberin, Du wirst Dich nicht zu streng zeigen, sondern wie ein guter Christ, mir *sehr bald* einen Deiner kleinen Briefe schicken, ohne Dich für mein zu lange anhaltendes Schweigen zu rächen.

Empfiehl mich Deinem Vater, meiner Freundin »Jettchen«, dem Doktor, Deinem Bruder Fritz und der ganzen Familie. Ich bleibe immer

Dein aufrichtigster Bewunderer
Charles Marx

Ich bin ganz erstaunt über die Nachricht von dem Attentat auf seine preußische Majestät, alias »Der schöne Wilhelm«. Wie konnte irgendein Mensch mit normalem Verstand seinen eigenen Kopf riskieren, um einen hirnlosen Esel zu töten?

(MEW, Bd. 30)

4. KAPITEL

»Das Geheimnis der Plusmacherei« –
Anatomie der bürgerlichen Gesellschaft

Verwandlung von Geld in Kapital
Aus: *Das Kapital*

Als hätt es Lieb im Leibe
Aus: »Arbeitsprozeß und Verwertungsprozeß«, in: *Das Kapital*

Unproduktiver Seidenwurm
Aus: *Theorien über den Mehrwert*

Der tendenzielle Fall der Profitrate
Aus: *Das Kapital*

Der Kredit
Aus: »Die Rolle des Kredits in der kapitalistischen Produktion«
in: *Das Kapital,* Band 3

Über Proudhon
Brief an J.P. Schweitzer

Bei diesem Kapitel hat die Textauswahl die größte Mühe gemacht – weil ein gar zu reicher Stoff vorliegt. Wie schön wäre es
gewesen, mit der »Warenanalyse« zu beginnen: der Anfang des
»Kapital« wird als trefflicher Einstieg in eine verwickelte Materie sogar von Marx selbst gelobt. Er ist obendrein so launig abge-
faßt, daß die Lektüre nicht nur klüger, sondern auch Spaß
macht. Aber wir hätten es dann bloß bis zum »Austauschprozeß«
gebracht und die Kapitalproduktion, den eigentlichen Knack-
punkt, verfehlt. Wer das 4. Kapitel dieses Buchs aufschlägt, wird
also mitten ins »Kapital« hineingeworfen und muß sich zu-
rechtfinden ohne Kenntnis der vorher entwickelten Kategorien.
Mit ein bißchen Geduld aber wird er verstehen, worum es geht
und bald belohnt werden durch die humoristisch auf die Pointe
zutreibende Enthüllung der »Plusmacherei«. – Der Brief an J.B.
Schweitzer hat nur insofern mit dem Thema dieses Kapitels zu
tun, als es in ihm u. a. um ökonomische Kategorien geht. Er
steht hier als Exempel einer glänzenden Werkrezension. Marx
zeigt in diesem Nachruf auf Proudhon seine Fähigkeit, auch
Gegnern ihre Verdienste zuzugestehen. Dazu kommt eine
»starke Muskulatur des Stils«.

Verwandlung von Geld in Kapital
Aus: *Das Kapital*, Band 1

Die Verwandlung des Geldes in Kapital ist auf Grundlage dem
Warenaustausch immanenter Gesetze zu entwickeln, so daß der
Austausch von Äquivalenten als Ausgangspunkt gilt. Unser noch
als Kapitalistenraupe vorhandner Geldbesitzer muß die Waren
zu ihrem Wert kaufen, zu ihrem Wert verkaufen und dennoch
am Ende des Prozesses mehr Wert herausziehn, als er hineinwarf. Seine Schmetterlingsentfaltung muß in der Zirkulationssphäre und muß nicht in der Zirkulationssphäre vorgehn. Dies
sind die Bedingungen des Problems. Hic Rhodus, hic salta!

Kauf und Verkauf der Arbeitskraft
Die Wertveränderung des Geldes, das sich in Kapital verwandeln soll, kann nicht an diesem Geld selbst vorgehn, denn als
Kaufmittel und als Zahlungsmittel realisiert es nur den Preis
der Ware, die es kauft oder zahlt, während es, in seiner eignen
Form verharrend, zum Petrefakt von gleichbleibender Wert-
größe erstarrt. Ebensowenig kann die Veränderung aus dem
zweiten Zirkulationsakt, dem Wiederverkauf der Ware, entspringen, denn dieser Akt verwandelt die Ware bloß aus der Na-
turalform zurück in die Geldform. Die Veränderung muß sich
also zutragen mit der Ware, die im ersten Akt G – W gekauft
wird, aber nicht mit ihrem Wert, denn es werden Äquivalente
ausgetauscht, die Ware wird zu ihrem Werte bezahlt. Die Veränderung kann also nur entspringen aus ihrem Gebrauchswert als
solchem, d. h. aus ihrem Verbrauch. Um aus dem Verbrauch einer Ware Wert herauszuziehn, müßte unser Geldbesitzer so
glücklich sein, innerhalb der Zirkulationssphäre, auf dem
Markt, eine Ware zu entdecken, deren Gebrauchswert selbst die
eigentümliche Beschaffenheit besäße, Quelle von Wert zu sein,
deren wirklicher Verbrauch also selbst Vergegenständlichung
von Arbeit wäre, daher Wertschöpfung. Und der Geldbesitzer
findet auf dem Markt eine solche spezifische Ware vor – das Arbeitsvermögen oder die Arbeitskraft.

Unter Arbeitskraft oder Arbeitsvermögen verstehen wir den
Inbegriff der physischen und geistigen Fähigkeiten, die in der
Leiblichkeit, der lebendigen Persönlichkeit eines Menschen
existieren und die er in Bewegung setzt, sooft er Gebrauchswerte irgendeiner Art produziert.

118

Damit jedoch der Geldbesitzer die Arbeitskraft als Ware auf dem Markt vorfinde, müssen verschiedne Bedingungen erfüllt sein. Der Warenaustausch schließt an und für sich keine andren Abhängigkeitsverhältnisse ein als die aus seiner eignen Natur entspringenden. Unter dieser Voraussetzung kann die Arbeitskraft als Ware nur auf dem Markt erscheinen, sofern und weil sie von ihrem eignen Besitzer, der Person, deren Arbeitskraft sie ist, als Ware feilgeboten oder verkauft wird. Damit ihr Besitzer sie als Ware verkaufe, muß er über sie verfügen können, also freier Eigentümer seines Arbeitsvermögens, seiner Person sein. Er und die Geldbesitzer begegnen sich auf dem Markt und treten in Verhältnis zueinander als ebenbürtige Warenbesitzer, nur dadurch unterschieden, daß der eine Käufer, der andre Verkäufer, beide also juristisch gleiche Personen sind. [...]

Die zweite wesentliche Bedingung, damit der Geldbesitzer die Arbeitskraft auf dem Markt als Ware vorfindet, ist die, daß ihr Besitzer, statt Waren verkaufen zu können, worin sich seine Arbeit vergegenständlicht hat, vielmehr seine Arbeitskraft selbst, die nur in seiner lebendigen Leiblichkeit existiert, als Ware feilbieten muß.

Damit jemand von seiner Arbeitskraft unterschiedne Waren verkaufe, muß er natürlich Produktionsmittel besitzen, z. B. Rohstoffe, Arbeitsinstrumente usw. Er kann keine Stiefel machen ohne Leder. Er bedarf außerdem Lebensmittel. Niemand, selbst kein Zukunftsmusikant, kann von Produkten der Zukunft zehren, also auch nicht von Gebrauchswerten, deren Produktion noch unfertig, und wie am ersten Tage seiner Erscheinung auf der Erdbühne, muß der Mensch noch jeden Tag konsumieren, bevor und während er produziert. Werden die Produkte als Waren produziert, so müssen sie verkauft werden, nachdem sie produziert sind, und können die Bedürfnisse des Produzenten erst nach dem Verkauf befriedigen. Zur Produktionszeit kommt die für den Verkauf nötige Zeit hinzu.

Zur Verwandlung von Geld in Kapital muß der Geldbesitzer also den freien Arbeiter auf dem Warenmarkt vorfinden, frei in dem Doppelsinn, daß er als freie Person über seine Arbeitskraft als seine Ware verfügt, daß er andrerseits andre Waren nicht zu verkaufen hat, los und ledig, frei ist von allen zur Verwirklichung seiner Arbeitskraft nötigen Sachen.

Die Frage, warum dieser freie Arbeiter ihm in der Zirkulationssphäre gegenübertritt, interessiert den Geldbesitzer nicht, der den Arbeitsmarkt als eine besondre Abteilung des Warenmarkts vorfindet. Und einstweilen interessiert sie uns ebensowenig. Wir halten theoretisch an der Tatsache fest, wie der Geldbesitzer praktisch. Eins jedoch ist klar. Die Natur produziert nicht auf der einen Seite Geld- oder Warenbesitzer und auf der andren bloße Besitzer der eignen Arbeitskräfte. Dies Verhältnis ist kein naturgeschichtliches und ebensowenig ein gesellschaftliches, das allen Geschichtsperioden gemein wäre. Es ist offenbar selbst das Resultat einer vorhergegangenen historischen Entwicklung, das Produkt vieler ökonomischer Umwälzungen, des Untergangs einer ganzen Reihe älterer Formationen der gesellschaftlichen Produktion. [...]

Diese eigentümliche Ware, die Arbeitskraft, ist nun näher zu betrachten. Gleich allen andren Waren besitzt sie einen Wert. Wie wird er bestimmt?

Der Wert der Arbeitskraft, gleich dem jeder andren Ware, ist bestimmt durch die zur Produktion, also auch Reproduktion, dieses spezifischen Artikels notwendige Arbeitszeit. Soweit sie Wert, repräsentiert die Arbeitskraft selbst nur ein bestimmtes Quantum in ihr vergegenständlichter gesellschaftlicher Durchschnittsarbeit. Die Arbeitskraft existiert nur als Anlage des lebendigen Individuums. Ihre Produktion setzt also seine Existenz voraus. Die Existenz des Individuums gegeben, besteht die Produktion der Arbeitskraft in seiner eignen Reproduktion oder Erhaltung. Zu seiner Erhaltung bedarf das lebendige Individuum einer gewissen Summe von Lebensmitteln. Die zur Produktion der Arbeitskraft notwendige Arbeitszeit löst sich also auf in die zur Produktion dieser Lebensmittel notwendige Arbeitszeit, oder der Wert der Arbeitskraft ist der Wert der zur Erhaltung ihres Besitzers notwendigen Lebensmittel. Die Arbeitskraft verwirklicht sich jedoch nur durch ihre Äußerung, betätigt sich nur in der Arbeit. Durch ihre Betätigung, die Arbeit, wird aber ein bestimmtes Quantum von menschlichem Muskel, Nerv, Hirn usw. verausgabt, das wieder ersetzt werden muß. Diese vermehrte Ausgabe bedingt eine vermehrte Einnahme. Wenn der Eigentümer der Arbeitskraft heute gearbeitet hat, muß er denselben Prozeß morgen unter denselben Bedingungen von Kraft und Gesundheit wiederholen können. Die Summe der Lebensmittel muß also hinreichen, das arbeitende Individuum als arbeitendes Individuum in seinem normalen Lebenszustand zu erhalten. Die natürlichen Bedürfnisse selbst, wie Nahrung, Kleidung, Heizung, Wohnung usw., sind verschieden je nach den klimatischen und andren natürlichen Eigentümlichkeiten eines Landes. Andrerseits ist der Umfang sog. notwendiger Bedürfnisse, wie die Art ihrer Befriedigung, selbst ein historisches

Produkt und hängt daher großenteils von der Kulturstufe eines Landes, unter andrem auch wesentlich davon ab, unter welchen Bedingungen, und daher mit welchen Gewohnheiten und Lebensansprüchen die Klasse der freien Arbeiter sich gebildet hat. Im Gegensatz zu den andren Waren enthält also die Wertbestimmung der Arbeitskraft ein historisches und moralisches Element. Für ein bestimmtes Land, zu einer bestimmten Periode jedoch, ist der Durchschnitts-Umkreis der notwendigen Lebensmittel gegeben.

Der Eigentümer der Arbeitskraft ist sterblich. Soll also seine Erscheinung auf dem Markt eine kontinuierliche sein, wie die kontinuierliche Verwandlung von Geld in Kapital voraussetzt, so muß der Verkäufer der Arbeitskraft sich verewigen, wie jedes lebendige Individuum sich verewigt, durch Fortpflanzung. Die durch Abnutzung und Tod dem Markt entzogenen Arbeitskräfte müssen zum allermindesten durch eine gleiche Zahl neuer Arbeitskräfte beständig ersetzt werden. Die Summe der zur Produktion der Arbeitskraft notwendigen Lebensmittel schließt also die Lebensmittel der Ersatzmänner ein, d. h. der Kinder der Arbeiter, so daß sich diese Race eigentümlicher Warenbesitzer auf dem Warenmarkte verewigt.

Die letzte Grenze oder Minimalgrenze des Werts der Arbeitskraft wird gebildet durch den Wert einer Warenmasse, ohne deren tägliche Zufuhr der Träger der Arbeitskraft, der Mensch, seinen Lebensprozeß nicht erneuern kann, also durch den Wert der physisch unentbehrlichen Lebensmittel. Sinkt der Preis der Arbeitskraft auf dieses Minimum, so sinkt er unter ihren Wert, denn sie kann sich so nur in verkümmerter Form erhalten und entwickeln. Der Wert jeder Ware ist aber bestimmt durch die Arbeitszeit, erfordert, um sie in normaler Güte zu liefern. [...]

In allen Ländern kapitalistischer Produktionsweise wird die Arbeitskraft erst gezahlt, nachdem sie bereits während des im Kaufkontrakt festgesetzten Termins funktioniert hat, z. B. am Ende jeder Woche. Überall schießt daher der Arbeiter dem Kapitalisten den Gebrauchswert der Arbeitskraft vor; er läßt sie vom Käufer konsumieren, bevor er ihren Preis bezahlt erhält, überall kreditiert daher der Arbeiter dem Kapitalisten. Daß dies Kreditieren kein leerer Wahn ist, zeigt nicht nur der gelegentliche Verlust des kreditierten Lohns beim Bankrott des Kapitalisten, sondern auch eine Reihe mehr nachhaltiger Wirkungen. Indes ändert es an der Natur des Warenaustausches selbst nichts, ob das Geld als Kaufmittel oder als Zahlungsmittel funktioniert. Der Preis der Arbeitskraft ist kontraktlich festgesetzt, obgleich er erst hinterher realisiert wird, wie der Mietpreis eines Hauses. Die Arbeitskraft ist verkauft, obgleich sie erst hinterher bezahlt wird. Für die reine Auffassung des Verhältnisses ist es jedoch nützlich, einstweilen vorauszusetzen, daß der Besitzer der Arbeitskraft mit ihrem Verkauf jedesmal auch sogleich den kontraktlich stipulierten Preis erhält.

Wir kennen nun die Art und Weise der Bestimmung des Werts, welcher dem Besitzer dieser eigentümlichen Ware, der Arbeitskraft, vom Geldbesitzer gezahlt wird. Der Gebrauchswert, den letzterer seinerseits im Austausch erhält, zeigt sich erst im wirklichen Verbrauch, im Konsumtionsprozeß der Arbeitskraft. Alle zu diesem Prozeß nötigen Dinge, wie Rohmaterial usw., kauft der Geldbesitzer auf dem Warenmarkt und zahlt sie zum vollen Preis. Der Konsumtionsprozeß der Arbeitskraft ist zugleich der Produktionsprozeß von Ware und von Mehrwert. Die Konsumtion der Arbeitskraft, gleich der Konsumtion jeder andren Ware, vollzieht sich außerhalb des Markts oder der Zirkulationssphäre. Diese geräuschvolle, auf der Oberfläche hausende und aller Augen zugängliche Sphäre verlassen wir daher, zusammen mit Geldbesitzer und Arbeitskraftbesitzer, um beiden nachzufolgen in die verborgne Stätte der Produktion, an deren Schwelle zu lesen steht: No admittance except on business. Hier wird sich zeigen, nicht nur wie das Kapital produziert, sondern auch wie man es selbst produziert, das Kapital. Das Geheimnis der Plusmacherei muß sich endlich enthüllen.

Die Sphäre der Zirkulation oder des Warenaustausches, innerhalb deren Schranken Kauf und Verkauf der Arbeitskraft sich bewegt, war in der Tat ein wahres Eden der angebornen Menschenrechte. Was allein hier herrscht, ist Freiheit, Gleichheit, Eigentum und Bentham. Freiheit! Denn Käufer und Verkäufer einer Ware, z. B. der Arbeitskraft, sind nur durch ihren freien Willen bestimmt. Sie kontrahieren als freie, rechtlich ebenbürtige Personen. Der Kontrakt ist das Endresultat, worin sich ihre Willen einen gemeinsamen Rechtsausdruck geben. Gleichheit! Denn sie beziehen sich nur als Warenbesitzer aufeinander und tauschen Äquivalent für Äquivalent. Eigentum! Denn jeder verfügt nur über das Seine. Bentham! Denn jedem von den beiden ist es nur um sich zu tun. Die einzige Macht, die sie zusammen und in ein Verhältnis bringt, ist die ihres Eigennutzes, ihres Sondervorteils, ihrer Privatinteressen. Und eben weil so jeder nur für sich und keiner für den andren kehrt, vollbringen alle, infolge einer prästabilierten Harmonie der Dinge oder unter den Auspizien einer allpfiffigen Vorsehung, nur das Werk ihres wechselseitigen Vorteils, des Gemeinnutzens, des Gesamtinteresses.

Beim Scheiden von dieser Sphäre der einfachen Zirkulation oder des Warenaustausches, woraus der Freihändler vulgaris Anschauungen, Begriffe und Maßstab für sein Urteil über die Gesellschaft des Kapitals und der Lohnarbeit entlehnt, verwandelt sich, so scheint es, schon in etwas die Physiognomie unsrer dramatis personae. Der ehemalige Geldbesitzer schreitet voran als Kapitalist, der Arbeitskraftbesitzer folgt ihm nach als sein Arbeiter; der eine bedeutungsvoll schmunzelnd und geschäftseifrig, der andre scheu, widerstrebsam, wie jemand, der seine eigne Haut zu Markt getragen und nun nichts andres zu erwarten hat als die – Gerberei.

(1867, MEW, Bd. 23)

Als hätt es Lieb im Leibe
Aus: »Arbeitsprozeß und Verwertungsprozeß«
in: *Das Kapital,* Band 1

Arbeitsprozeß
Die Arbeit ist zunächst ein Prozeß zwischen Mensch und Natur, ein Prozeß, worin der Mensch seinen Stoffwechsel mit der Natur durch seine eigne Tat vermittelt, regelt und kontrolliert. Er tritt dem Naturstoff selbst als eine Naturmacht gegenüber. Die seiner Leiblichkeit angehörigen Naturkräfte, Arme und Beine, Kopf und Hand, setzt er in Bewegung, um sich den Naturstoff in einer für sein eignes Leben brauchbaren Form anzueignen. Indem er durch diese Bewegung auf die Natur außer ihm wirkt und sie verändert, verändert er zugleich seine eigne Natur. Er entwickelt die in ihr schlummernden Potenzen und unterwirft das Spiel ihrer Kräfte seiner eignen Botmäßigkeit. […] Wir unterstellen die Arbeit in einer Form, worin sie dem Menschen

ausschließlich angehört. Eine Spinne verrichtet Operationen, die denen des Webers ähneln, und eine Biene beschämt durch den Bau ihrer Wachszellen manchen menschlichen Baumeister. Was aber von vornherein den schlechtesten Baumeister vor der besten Biene auszeichnet, ist, daß er die Zelle in seinem Kopf gebaut hat, bevor er sie in Wachs baut. Am Ende des Arbeitsprozesses kommt ein Resultat heraus, das beim Beginn desselben schon in der Vorstellung des Arbeiters, also schon ideell vorhanden war. Nicht daß er nur eine Formveränderung des Natürlichen bewirkt; er verwirklicht im Natürlichen zugleich seinen Zweck, den er weiß, der die Art und Weise seines Tuns als Gesetz bestimmt und dem er seinen Willen unterordnen muß. Und diese Unterordnung ist kein vereinzelter Akt. Außer der Anstrengung der Organe, die arbeiten, ist der zweckmäßige Wille, der sich als Aufmerksamkeit äußert, für die ganze Dauer der Arbeit erheischt, und um so mehr, je weniger sie durch den eignen Inhalt und die Art und Weise ihrer Ausführung den Arbeiter mit sich fortreißt, je weniger er sie daher als Spiel seiner eignen körperlichen und geistigen Kräfte genießt. [...]

Kehren wir zu unsrem Kapitalisten in spe zurück. Wir verließen ihn, nachdem er auf dem Warenmarkt alle zu einem Arbeitsprozeß notwendigen Faktoren gekauft hatte, die gegenständlichen Faktoren oder die Produktionsmittel, den persönlichen Faktor oder die Arbeitskraft. Er hat mit schlauem Kennerblick die für sein besondres Geschäft, Spinnerei, Stiefelfabrikation usw., passenden Produktionsmittel und Arbeitskräfte ausgewählt. Unser Kapitalist setzt sich also daran, die von ihm gekaufte Ware, die Arbeitskraft, zu konsumieren, d. h. er läßt den Träger der Arbeitskraft, den Arbeiter, die Produktionsmittel durch seine Arbeit konsumieren. Die allgemeine Natur des Arbeitsprozesses ändert sich natürlich nicht dadurch, daß der Arbeiter ihn für den Kapitalisten, statt für sich selbst verrichtet. Aber auch die bestimmte Art und Weise, wie man Stiefel macht oder Garn spinnt, kann sich zunächst nicht ändern durch die Dazwischenkunft des Kapitalisten. Er muß die Arbeitskraft zunächst nehmen, wie er sie auf dem Markt vorfindet, also auch ihre Arbeit, wie sie in einer Periode entsprang, wo es noch keine Kapitalisten gab. Die Verwandlung der Produktionsweise selbst durch die Unterordnung der Arbeit unter das Kapital kann sich erst später ereignen und ist daher erst später zu betrachten.

Der Arbeitsprozeß, wie er als Konsumtionsprozeß der Arbeitskraft durch den Kapitalisten vorgeht, zeigt nun zwei eigentümliche Phänomene.

Der Arbeiter arbeitet unter der Kontrolle des Kapitalisten, dem seine Arbeit gehört. Der Kapitalist paßt auf, daß die Arbeit ordentlich vonstatten geht und die Produktionsmittel zweckmäßig verwandt werden, also kein Rohmaterial vergeudet und das Arbeitsinstrument geschont, d. h. nur so weit zerstört wird, als sein Gebrauch in der Arbeit ernötigt.

Zweitens aber: Das Produkt ist Eigentum des Kapitalisten, nicht des unmittelbaren Produzenten, des Arbeiters. Der Kapitalist zahlt z. B. den Tageswert der Arbeitskraft. Ihr Gebrauch, wie der jeder andren Ware, z. B. eines Pferdes, das er für einen Tag gemietet, gehört ihm also für den Tag. Dem Käufer der Ware gehört der Gebrauch der Ware, und der Besitzer der Arbeitskraft gibt in der Tat nur den von ihm verkauften Gebrauchswert, indem er seine Arbeit gibt. Von dem Augenblicke, wo er in die Werkstätte des Kapitalisten trat, gehörte der Gebrauchswert seiner Arbeitskraft, also ihr Gebrauch, die Arbeit, dem Kapitalisten. Der Kapitalist hat durch den Kauf der Arbeitskraft die Arbeit selbst als lebendigen Gärungsstoff den toten ihm gleichfalls gehörigen Bildungselementen des Produkts einverleibt. Von seinem Standpunkt ist der Arbeitsprozeß nur die Konsumtion der von ihm gekauften Ware Arbeitskraft, die er jedoch nur konsumieren kann, indem er ihr Produktionsmittel zusetzt. Der Arbeitsprozeß ist ein Prozeß zwischen Dingen, die der Kapitalist gekauft hat, zwischen ihm gehörigen Dingen. Das Produkt dieses Prozesses gehört ihm daher ganz ebensosehr als das Produkt des Gärungsprozesses in seinem Weinkeller.

Verwertungsprozeß

Das Produkt – das Eigentum des Kapitalisten – ist ein Gebrauchswert, Garn, Stiefel usw. Aber obgleich Stiefel z. B. gewissermaßen die Basis des gesellschaftlichen Fortschritts bilden und unser Kapitalist ein entschiedner Fortschrittsmann ist, fabriziert er die Stiefel nicht ihrer selbst wegen. Der Gebrauchswert ist überhaupt nicht das Ding qu'on aime pour lui-même in der Warenproduktion. Gebrauchswerte werden hier überhaupt nur produziert, weil und sofern sie materielles Substrat, Träger des Tauschwerts sind. Und unsrem Kapitalisten handelt es sich um zweierlei. Erstens will er einen Gebrauchswert produzieren, der einen Tauschwert hat, einen zum Verkauf bestimmten Artikel, eine Ware. Und zweitens will er eine Ware produzieren, deren Wert höher als die Wertsumme der zu ihrer Produktion erheischten Waren, der Produktionsmittel und der Arbeitskraft, für die er sein gutes Geld auf dem Warenmarkt vorschoß. Er will nicht nur einen Gebrauchswert produzieren, sondern eine Ware, nicht nur Gebrauchswert, sondern Wert, und nicht nur Wert, sondern auch Mehrwert.

In der Tat, da es sich hier um Warenproduktion handelt, haben wir bisher offenbar nur eine Seite des Prozesses betrachtet. Wie die Ware selbst Einheit von Gebrauchswert und Wert, muß ihr Produktionsprozeß Einheit von Arbeitsprozeß und Wertbildungsprozeß sein.

Betrachten wir den Produktionsprozeß nun auch als Wertbildungsprozeß.

Wir wissen, daß der Wert jeder Ware bestimmt ist durch das Quantum der in ihrem Gebrauchswert materialisierten Arbeit, durch die zu ihrer Produktion gesellschaftlich notwendigen Arbeitszeit. Dies gilt auch für das Produkt, das sich unsrem Kapitalisten als Resultat des Arbeitsprozesses ergab. Es ist also zunächst die in diesem Produkt vergegenständlichte Arbeit zu berechnen.

Es sei z. B. Garn. [...]

Die zur Produktion der Baumwolle erheischte Arbeitszeit ist Teil der zur Produktion des Garns, dessen Rohmaterial sie bildet, erheischten Arbeitszeit und deshalb im Garn enthalten. Ebenso verhält es sich mit der Arbeitszeit, die zur Produktion der Spindelmasse erheischt ist, ohne deren Verschleiß oder Konsum die Baumwolle nicht versponnen werden kann. [...]

Die Werte der Produktionsmittel, der Baumwolle und der Spindel, ausgedrückt in dem Preise von 12 sh., bilden also Bestandteile des Garnwerts oder des Werts des Produkts.

Nur sind zwei Bedingungen zu erfüllen. Einmal müssen Baumwolle und Spindel wirklich zur Produktion eines Gebrauchswerts gedient haben. Es muß in unsrem Fall Garn aus ihnen geworden sein. Welcher Gebrauchswert ihn trägt, ist dem Wert gleichgültig, aber ein Gebrauchswert muß ihn tragen. Zweitens ist vorausgesetzt, daß nur die unter den gegebnen gesellschaftlichen Produktionsbedingungen notwendige Arbeitszeit verwandt wurde. Wäre also nur 1 Pfund Baumwolle nötig, um 1 Pfund Garn zu spinnen, so darf nur 1 Pfund Baumwolle verzehrt sein in der Bildung von 1 Pfund Garn. Ebenso verhält es sich mit der Spindel. Hat der Kapitalist die Phantasie, goldne statt eiserne Spindeln anzuwenden, so zählt im Garnwert dennoch nur die gesellschaftlich notwendige Arbeit, d. h. die zur Produktion eiserner Spindeln notwendige Arbeitszeit.

Wir wissen jetzt, welchen Teil des Garnwerts die Produktionsmittel, Baumwolle und Spindeln, bilden. Er ist gleich

12 sh. […] Es handelt sich also nun um den Wertteil, welchen die Arbeit des Spinners selbst der Baumwolle zusetzt.

Wir haben diese Arbeit jetzt von einem ganz andren Gesichtspunkt zu betrachten, als während des Arbeitsprozesses. Dort handelte es sich um die zweckmäßige Tätigkeit, Baumwolle in Garn zu verwandeln. Je zweckmäßiger die Arbeit, desto besser das Garn, alle andren Umstände als gleichbleibend vorausgesetzt. Die Arbeit des Spinners war spezifisch verschieden von andren produktiven Arbeiten, und die Verschiedenheit offenbarte sich subjektiv und objektiv, im besondren Zweck des Spinnens, seiner besondren Operationsweise, der besondren Natur seiner Produktionsmittel, dem besondren Gebrauchswert seines Produkts. Baumwolle und Spindel dienen als Lebensmittel der Spinnarbeit, aber man kann mit ihnen keine gezogenen Kanonen machen. Sofern die Arbeit des Spinners dagegen wertbildend ist, d. h. Wertquelle, ist sie durchaus nicht verschieden von der Arbeit des Kanonenbohrers, oder, was uns hier näher liegt, von den in den Produktionsmitteln des Garns verwirklichten Arbeiten des Baumwollpflanzers und des Spindelmachers. Nur wegen dieser Identität können Baumwollpflanzen, Spindelmachen und Spinnen bloß quantitativ verschiedne Teile desselben Gesamtwerts, des Garnwerts, bilden. Es handelt sich hier nicht mehr um die Qualität, die Beschaffenheit und den Inhalt der Arbeit, sondern nur noch um ihre Quantität. Diese ist einfach zu zählen. […]

Während des Arbeitsprozesses setzt sich die Arbeit beständig aus der Form der Unruhe in die des Seins, aus der Form der Bewegung in die der Gegenständlichkeit um. Am Ende einer Stunde ist die Spinnbewegung in einem gewissen Quantum Garn dargestellt, also ein bestimmtes Quantum Arbeit, eine Arbeitsstunde, in der Baumwolle vergegenständlicht. Wir sagen Arbeitsstunde, d. h. die Verausgabung der Lebenskraft des Spinners während einer Stunde, denn die Spinnarbeit gilt hier nur, soweit sie Verausgabung von Arbeitskraft, nicht soweit sie die spezifische Arbeit des Spinnens ist. […]

Beim Verkauf der Arbeitskraft ward unterstellt, daß ihr Tageswert = 3 sh., und in den letztren 6 Arbeitsstunden verkörpert sind, dies Arbeitsquantum also erheischt ist, um die Durchschnittssumme der täglichen Lebensmittel des Arbeiters zu produzieren. Verwandelt unser Spinner nun während einer Arbeitsstunde $1^2/_3$ Pfund Baumwolle in $1^2/_3$ Pfund Garn, so in 6 Stunden 10 Pfund Baumwolle in 10 Pfund Garn. Während der Dauer des Spinnprozesses saugt die Baumwolle also 6 Arbeitsstunden ein. Dieselbe Arbeitszeit stellt sich in einem Goldquantum von 3 sh. dar. Der Baumwolle wird also durch das Spinnen selbst ein Wert von 3 sh. zugesetzt.

Sehn wir nun den Gesamtwert des Produkts, der 10 Pfund Garn, an. In ihnen sind $2^1/_2$ Arbeitstage vergegenständlicht, 2 Tage enthalten in Baumwolle und Spindelmasse, $^1/_2$ Tag Arbeit eingesaugt während des Spinnprozesses. Dieselbe Arbeitszeit stellt sich in einer Goldmasse von 15 sh. dar. Der dem Wert der 10 Pfund Garn adäquate Preis beträgt also 15 sh., der Preis eines Pfundes Garn 1 sh. 6 d.

Unser Kapitalist stutzt. Der Wert des Produkts ist gleich dem Wert des vorgeschossenen Kapitals. Der vorgeschossene Wert hat sich nicht verwertet, keinen Mehrwert erzeugt, Geld sich also nicht in Kapital verwandelt. Der Preis der 10 Pfund Garn ist 15 sh., und 15 sh. wurden verausgabt auf dem Warenmarkt für die Bildungselemente des Produkts oder, was dasselbe, die Faktoren des Arbeitsprozesses: 10 sh. für Baumwolle, 2 sh. für die verzehrte Spindelmasse und 3 sh. für Arbeitskraft. Der aufgeschwollne Wert des Garns hilft nichts, denn sein Wert ist nur die Summe der früher auf Baumwolle, Spindel und Arbeitskraft verteilten Werte, und aus einer solchen bloßen Addition vorhandner Werte kann nun und nimmermehr ein Mehrwert entspringen. Diese Werte sind jetzt alle auf ein Ding konzentriert, aber so waren sie in der Geldsumme von 15 sh., bevor diese sich durch drei Warenkäufe zersplitterte.

An und für sich ist dies Resultat nicht befremdlich. Der Wert eines Pfund Garn ist 1 sh. 6 d., und für 10 Pfund Garn müßte unser Kapitalist daher auf dem Warenmarkt 15 sh. zahlen. Ob er sein Privathaus fertig auf dem Markt kauft oder es selbst bauen läßt, keine dieser Operationen wird das im Erwerb des Hauses ausgelegte Geld vermehren.

Der Kapitalist, der in der Vulgärökonomie Bescheid weiß, sagt vielleicht, er habe sein Geld mit der Absicht vorgeschossen, mehr Geld daraus zu machen. Der Weg zur Hölle ist jedoch mit guten Absichten gepflastert, und er konnte ebensogut der Absicht sein, Geld zu machen, ohne zu produzieren. Er droht. Man werde ihn nicht wieder ertappen. Künftig werde er die Ware fertig auf dem Markt kaufen, statt sie selbst zu fabrizieren. Wenn aber alle seine Brüder Kapitalisten desgleichen tun, wo soll er Ware auf dem Markt finden? Und Geld kann er nicht essen. Er katechisiert. Man soll seine Abstinenz bedenken. Er konnte seine 15 sh. verprassen. Statt dessen hat er sie produktiv konsumiert und Garn daraus gemacht. Aber dafür ist er ja im Besitz von Garn statt von Gewissensbissen. Er muß beileibe nicht in die Rolle des Schatzbildners zurückfallen, der uns zeigte, was bei der Asketik herauskommt. Außerdem, wo nichts ist, hat der Kaiser sein Recht verloren. Welches immer das Verdienst seiner Entsagung, es ist nichts da, um sie extra zu zahlen, da der Wert des Produkts, der aus dem Prozeß herauskommt, nur gleich der Summe der hineingeworfenen Warenwerte. Er beruhige sich also dabei, daß Tugend der Tugend Lohn. Statt dessen wird er zudringlich. Das Garn ist ihm unnütz. Er hat es für den Verkauf produziert. So verkaufe er es, oder, noch einfacher, produziere in Zukunft nur Dinge für seinen eignen Bedarf, ein Rezept, das ihm bereits sein Hausarzt MacCulloch als probates Mittel gegen die Epidemie der Überproduktion verschrieben hat. Er stellt sich trutzig auf die Hinterbeine. Sollte der Arbeiter mit seinen eignen Gließmaßen in der blauen Luft Arbeitsgebilde schaffen, Waren produzieren? Gab er ihm nicht den Stoff, womit und worin er allein seine Arbeit verleiblichen kann? Da nun der größte Teil der Gesellschaft aus solchen Habenichtsen besteht, hat er nicht der Gesellschaft durch seine Produktionsmittel, seine Baumwolle und seine Spindel, einen unermeßlichen Dienst erwiesen, nicht dem Arbeiter selbst, den er obendrein noch mit Lebensmitteln versah? Und soll er den Dienst nicht berechnen? Hat der Arbeiter ihm aber nicht den Gegendienst erwiesen, Baumwolle und Spindel in Garn zu verwandeln? Außerdem handelt es sich hier nicht um Dienste. Ein Dienst ist nichts als die nützliche Wirkung eines Gebrauchswerts, sei es der Ware, sei es der Arbeit. Hier aber gilt's den Tauschwert. Er zahlte dem Arbeiter den Wert von 3 sh. Der Arbeiter gab ihm ein exaktes Äquivalent zurück in dem der Baumwolle zugesetzten Wert von 3 sh. Wert für Wert. Unser Freund, eben noch so kapitalübermütig, nimmt plötzlich die anspruchslose Haltung seines eignen Arbeiters an. Hat er nicht selbst gearbeitet? nicht die Arbeit der Überwachung, der Oberaufsicht über den Spinner verrichtet? Bildet diese seine Arbeit nicht auch Wert? Sein eigner overlooker und sein Manager zucken die Achseln. Unterdes hat er aber bereits mit heiterm Lächeln seine alte Physiognomie wieder angenommen. Er foppte uns mit der ganzen Litanei. Er gibt keinen Deut darum. Er überläßt diese und ähnliche faule Ausflüchte und hohle Flausen den dafür eigens bezahlten Professoren der politischen Ökonomie. Er selbst ist ein praktischer Mann, der zwar nicht immer bedenkt, was er außerhalb des Geschäfts sagt, aber stets weiß, was er im Geschäft tut.

Sehn wir näher zu. Der Tageswert der Arbeitskraft betrug 3 sh., weil in ihr selbst ein halber Arbeitstag vergegenständlicht ist, d. h. weil die täglich zur Produktion der Arbeitskraft nötigen Lebensmittel einen halben Arbeitstag kosten. Aber die vergangne Arbeit, die in der Arbeitskraft steckt, und die lebendige Arbeit, die sie leisten kann, ihre täglichen Erhaltungskosten und ihre tägliche Verausgabung, sind zwei ganz verschiedne Größen. Die erstere bestimmt ihren Tauschwert, die andre bildet ihren Gebrauchswert. Daß ein halber Arbeitstag nötig, um ihn während 24 Stunden am Leben zu erhalten, hindert den Arbeiter keineswegs, einen ganzen Tag zu arbeiten. Der Wert der Arbeitskraft und ihre Verwertung im Arbeitsprozeß sind also zwei verschiedne Größen. Diese Wertdifferenz hatte der Kapitalist im Auge, als er die Arbeitskraft kaufte. Ihre nützliche Eigenschaft, Garn oder Stiefel zu machen, war nur eine conditio sine qua non, weil Arbeit in nützlicher Form verausgabt werden muß, um Wert zu bilden. Was aber entschied, war der spezifische Gebrauchswert dieser Ware, Quelle von Wert zu sein und von mehr Wert, als sie selbst hat. Dies ist der spezifische Dienst, den der Kapitalist von ihr erwartet. Und er verfährt dabei den ewigen Gesetzen des Warenaustausches gemäß. In der Tat, der Verkäufer der Arbeitskraft, wie der Verkäufer jeder andren Ware, realisiert ihren Tauschwert und veräußert ihren Gebrauchswert. Er kann den einen nicht erhalten, ohne den andren wegzugeben. Der Gebrauchswert der Arbeitskraft, die Arbeit selbst, gehört ebensowenig ihrem Verkäufer, wie der Gebrauchswert des verkauften Öls dem Ölhändler. Der Geldbesitzer hat den Tageswert der Arbeitskraft gezahlt; ihm gehört daher ihr Gebrauch während des Tages, die tagelange Arbeit. Der Umstand, daß die tägliche Erhaltung der Arbeitskraft nur einen halben Arbeitstag kostet, obgleich die Arbeitskraft einen ganzen Tag wirken, arbeiten kann, daß daher der Wert, den ihr Gebrauch während eines Tags schafft, doppelt so groß ist als ihr eigner Tageswert, ist ein besondres Glück für den Käufer, aber durchaus kein Unrecht gegen den Verkäufer.

Unser Kapitalist hat den Kasus, der ihn lachen macht, vorgesehn. Der Arbeiter findet daher in der Werkstätte die nötigen Produktionsmittel nicht nur für einen sechsstündigen, sondern für einen zwölfstündigen Arbeitsprozeß. Saugten 10 Pfund Baumwolle 6 Arbeitsstunden ein und verwandelten sich in 10 Pfund Garn, so werden 20 Pfund Baumwolle 12 Arbeitsstunden einsaugen und in 20 Pfund Garn verwandelt. Betrachten wir das Produkt des verlängerten Arbeitsprozesses. In den 20 Pfund

Garn sind jetzt 5 Arbeitstage vergegenständlicht, 4 in der verzehrten Baumwoll- und Spindelmasse, 1 von der Baumwolle eingesaugt während des Spinnprozesses. Der Goldausdruck von 5 Arbeitstagen ist aber 30 sh. oder 1 Pfd. St. 10 sh. Dies also der Preis der 20 Pfund Garn. Das Pfund Garn kostet nach wie vor 1 sh. 6 d. Aber die Wertsumme der in den Prozeß geworfenen Waren betrug 27 sh. Der Wert des Garns beträgt 30 sh. Der Wert des Produkts ist um $1/9$ gewachsen über den zu seiner Produktion vorgeschoßnen Wert. So haben sich 27 sh. in 30 sh. verwandelt. Sie haben einen Mehrwert von 3 sh. gesetzt. Das Kunststück ist endlich gelungen. Geld ist in Kapital verwandelt.

Alle Bedingungen des Problems sind gelöst und die Gesetze des Warenaustausches in keiner Weise verletzt. Äquivalent wurde gegen Äquivalent ausgetauscht. Der Kapitalist zahlte als Käufer jede Ware zu ihrem Wert, Baumwolle, Spindelmasse, Arbeitskraft. Er tat dann, was jeder andre Käufer von Waren tut. Er konsumierte ihren Gebrauchswert. Der Konsumtionsprozeß der Arbeitskraft, der zugleich Produktionsprozeß der Ware, ergab ein Produkt von 20 Pfund Garn mit einem Wert von 30 sh. Der Kapitalist kehrt nun zum Markt zurück und verkauft Ware, nachdem er Ware gekauft hat. Er verkauft das Pfund Garn zu 1 sh. 6 d., keinen Deut über oder unter seinem Wert. Und doch zieht er 3 sh. mehr aus der Zirkulation heraus, als er ursprünglich in sie hineinwarf. Dieser ganze Verlauf, die Verwandlung seines Geldes in Kapital, geht in der Zirkulationssphäre vor und geht nicht in ihr vor. Durch die Vermittlung der Zirkulation, weil bedingt durch den Kauf der Arbeitskraft auf dem Warenmarkt. Nicht in der Zirkulation, denn sie leitet nur den Verwertungsprozeß ein, der sich in der Produktionssphäre zuträgt. Und so ist »tout pour le mieux dans le meilleur des mondes possibles«.

Indem der Kapitalist Geld in Waren verwandelt, die als Stoffbilder eines neuen Produkts oder als Faktoren des Arbeitsprozesses dienen, indem er ihrer toten Gegenständlichkeit lebendige Arbeitskraft einverleibt, verwandelt er Wert, vergangne, vergegenständliche, tote Arbeit in Kapital, sich selbst verwertenden Wert, ein beseeltes Ungeheuer, das zu »arbeiten« beginnt, als hätt' es Lieb' im Leibe.

(1867, MEW, Bd. 23)

Unproduktiver Seidenwurm

Aus: *Theorien über den Mehrwert*

Der spezifische Gebrauchswert der produktiven Arbeit für das Kapital

Das Resultat des kapitalistischen Produktionsprozesses ist weder ein bloßes Produkt (Gebrauchswert) noch *Ware*, d. h. Gebrauchswert, der einen bestimmten Tauschwert hat. Sein Resultat, sein Produkt ist Schöpfung des *Mehrwerts* für das Kapital und daher faktische *Verwandlung* von Geld oder Ware in Kapital, was sie vor dem Produktionsprozeß bloß der Intention nach, an sich, ihrer Bestimmung nach sind. In dem Produktionsprozeß wird mehr Arbeit eingesaugt, als gekauft ist, und dies Einsaugen, *Aneignen* fremder unbezahlter Arbeit, das im Produktionsprozeß vollbracht wird, ist der *unmittelbare Zweck* des kapitalistischen Produktionsprozesses; denn was das Kapital als Kapital (daher der Kapitalist als Kapitalist) produzieren will, ist weder unmittelbar Gebrauchswert zum Selbstkonsum noch Ware, um sie erst in Geld und später in Gebrauchswert zu verwandeln. Sein Zweck ist die *Bereicherung*, die *Verwertung des Wertes*, seine *Vergrößerung*, also das Erhalten des alten Wertes und Schaffen von Mehrwert. Und dies *spezifische Produkt* des kapitalistischen Produktionsprozesses erreicht es nur im Austausch mit der Arbeit, die daher *produktive Arbeit* heißt.

Die Arbeit, damit sie *Ware* produziert, muß nützliche Arbeit sein, einen *Gebrauchswert* produzieren, sich in einem *Gebrauchswert* darstellen. Und nur Arbeit, die sich in *Ware* darstellt, also in Gebrauchswerten, ist daher Arbeit, womit sich Kapital austauscht. Dies ist selbstverständliche Voraussetzung. Aber es ist nicht dieser konkrete Charakter der Arbeit, ihr Gebrauchswert als solcher – daß sie also z. B. Schneiderarbeit, Schusterarbeit, Spinnen, Weben etc. –, was ihren spezifischen Gebrauchswert für das Kapital bildet, sie daher zur *produktiven Arbeit* im System der kapitalistischen Produktion stempelt. Was ihren *spezifischen Gebrauchswert* für das Kapital bildet, ist nicht ihr bestimmter nützlicher Charakter, sowenig wie die besondren nützlichen Eigenschaften des Produkts, worin sie sich vergegenständlicht. Sondern ihr Charakter als das schöpferische Element des Tauschwerts, abstrakte Arbeit, und zwar nicht, daß sie überhaupt ein bestimmtes Quantum dieser allgemeinen Arbeit vorstellt, sondern ein *größres* Quantum, als in ihrem Preis, d. h. dem *Wert des Arbeitsvermögens, enthalten* ist.

Der Gebrauchswert des Arbeitsvermögens ist für es eben der Überschuß der Quantität Arbeit, die es liefert über die Quantität Arbeit, die in ihm selbst vergegenständlicht und daher zu seiner Reproduktion erheischt ist. Sie liefert dieses Quantum natürlich *in der bestimmten Form*, die ihr als besondrer nützlicher Arbeit zukommt, als Spinnarbeit, Webearbeit etc. Aber dieser ihr konkreter Charakter, der sie überhaupt befähigt, sich in Ware darzustellen, ist nicht ihr *spezifischer Gebrauchswert* für das Kapital. Für es besteht dieser in ihrer Qualität als Arbeit überhaupt und in der Differenz des Arbeitsquantums, das sie leistet *über* dem Arbeitsquantum, das sie kostet.

Eine bestimmte Geldsumme x wird dadurch Kapital, daß sie sich in ihrem Produkt als x + h darstellt; d. h., daß das Quantum Arbeit, das in ihr als Produkt enthalten ist, größer ist als das Quantum Arbeit, das ursprünglich in ihr enthalten war. Und dies ist das Resultat des Austauschs zwischen dem Geld und der produktiven Arbeit, oder, nur die Arbeit ist *produktiv*, die vergegenständlichte Arbeit befähigt, im Austausch mit ihr sich als ein vergrößertes Quantum vergegenständlichter Arbeit darzustellen.

Der kapitalistische Produktionsprozeß ist daher auch nicht bloß die Produktion von Waren. Er ist ein Prozeß, der unbezahlte Arbeit absorbiert, Material und Arbeitsmittel – die Produktionsmittel – zu Mitteln der Absorption unbezahlter Arbeit macht.

Aus dem Bisherigen geht hervor, daß *produktive Arbeit* zu sein eine Bestimmung der Arbeit ist, die zunächst absolut nichts zu tun hat mit dem *bestimmten Inhalt* der Arbeit, ihrer besondren Nützlichkeit oder dem eigentümlichen Gebrauchswert, worin sie sich darstellt.

Dieselbe Sorte Arbeit kann *produktiv* oder *unproduktiv* sein.

Z. B. Milton, who did the »Paradise Lost« for 5 l. war ein *unproduktiver Arbeiter*. Der Schriftsteller dagegen, der Fabrikarbeit für seinen Buchhändler liefert, ist ein *produktiver Arbeiter*. Milton produzierte das »Paradise Lost« aus demselben Grund, aus dem ein Seidenwurm Seide produziert. Es war eine Betätigung *seiner* Natur. Er verkaufte später das Produkt für 5 l. Aber der Leipziger Literaturproletarier, der unter Direktion seines Buchhändlers Bücher (z. B. Kompendien der Ökonomie) fabriziert, ist ein *produktiver Arbeiter*; denn sein Produkt ist von vornherein unter das Kapital subsumiert und findet nur zu dessen Verwertung statt. Eine Sängerin, die auf ihre eigene Faust ihren Gesang verkauft, ist ein *unproduktiver Arbeiter*. Aber dieselbe Sängerin, von einem entrepreneur engagiert, der sie singen läßt, um Geld zu machen, ist ein *produktiver Arbeiter*, denn sie produziert Kapital.

(1862/3, MEW, Bd. 26.1)

Der tendenzielle Fall der Profitrate
Aus: *Das Kapital*, Band 3

Der Widerspruch, ganz allgemein ausgedrückt, besteht darin, daß die kapitalistische Produktionsweise eine Tendenz einschließt nach absoluter Entwicklung der Produktivkräfte, abgesehn vom Wert und dem in ihm eingeschloßnen Mehrwert, auch abgesehn von den gesellschaftlichen Verhältnissen, innerhalb deren die kapitalistische Produktion stattfindet; während sie andrerseits die Erhaltung des existierenden Kapitalwerts und seine Verwertung im höchsten Maß (d. h. stets beschleunigten Anwachs dieses Werts) zum Ziel hat. Ihr spezifischer Charakter ist auf den vorhandnen Kapitalwert als Mittel zur größtmöglichen Verwertung dieses Werts gerichtet. Die Methoden, wodurch sie dies erreicht, schließen ein: Abnahme der Profitrate, Entwertung des vorhandnen Kapitals und Entwicklung der Produktivkräfte der Arbeit auf Kosten der schon produzierten Produktivkräfte.

Die periodische Entwertung des vorhandnen Kapitals, die ein der kapitalistischen Produktionsweise immanentes Mittel ist, den Fall der Profitrate aufzuhalten und die Akkumulation von Kapitalwert durch Bildung von Neukapital zu beschleunigen, stört die gegebnen Verhältnisse, worin sich der Zirkulations- und Reproduktionsprozeß des Kapitals vollzieht, und ist daher begleitet von plötzlichen Stockungen und Krisen des Produktionsprozesses.

Die mit der Entwicklung der Produktivkräfte Hand in Hand gehende relative Abnahme des variablen Kapitals gegen das konstante gibt dem Anwachs der Arbeiterbevölkerung einen Stachel, während sie fortwährend künstliche Übervölkerung schafft. Die Akkumulation des Kapitals, dem Wert nach betrachtet, wird verlangsamt durch die fallende Profitrate, um die Akkumulation des Gebrauchswerts noch zu beschleunigen, während diese wieder die Akkumulation, dem Wert nach, in beschleunigten Gang bringt.

Die kapitalistische Produktion strebt beständig, diese ihr immanenten Schranken zu überwinden, aber sie überwindet sie nur durch Mittel, die ihr diese Schranken aufs neue und auf gewaltigerm Maßstab entgegenstellen.

Die *wahre Schranke* der kapitalistischen Produktion ist *das Kapital selbst*, ist dies: daß das Kapital und seine Selbstverwertung als Ausgangspunkt und Endpunkt, als Motiv und Zweck der Produktion erscheint; daß die Produktion nur Produktion für das *Kapital* ist und nicht umgekehrt die Produktionsmittel bloße Mittel für eine stets sich erweiternde Gestaltung des Lebensprozesses für die *Gesellschaft* der Produzenten sind. Die Schranken, in denen sich die Erhaltung und Verwertung des Kapitalwerts, die auf der Enteignung und Verarmung der großen Masse der Produzenten beruht, allein bewegen kann, diese Schranken treten daher beständig in Widerspruch mit den Produktionsmethoden, die das Kapital zu seinem Zweck anwenden muß und die auf unbeschränkte Vermehrung der Produktion, auf die Produktion als Selbstzweck, auf unbedingte Entwicklung der gesellschaftlichen Produktivkräfte der Arbeit lossteuern. Das Mittel – unbedingte Entwicklung der gesellschaftlichen Produktivkräfte – gerät in fortwährenden Konflikt mit dem beschränkten Zweck, der Verwertung des vorhandnen Kapitals. Wenn daher die kapitalistische Produktionsweise ein historisches Mittel ist, um die materielle Produktivkraft zu entwickeln und den ihr entsprechenden Weltmarkt zu schaffen, ist sie zugleich der beständige Widerspruch zwischen dieser ihrer historischen Aufgabe und den ihr entsprechenden gesellschaftlichen Produktionsverhältnissen.

(1865, MEW, Bd. 25)

Der Kredit

Aus: »Die Rolle des Kredits in der kapitalistischen Produktion«, in: *Das Kapital*, Band 3

[Der Kredit erlaubt es], die Akte des Kaufens und Verkaufens länger auseinanderzuhalten, und dient daher der Spekulation als Basis [...]

Abgesehn von dem Aktienwesen – das eine Aufhebung der kapitalistischen Privatindustrie auf Grundlage des kapitalistischen Systems selbst ist, und in demselben Umfang, worin es sich ausdehnt und neue Produktionssphären ergreift, die Privatindustrie vernichtet –, bietet der Kredit dem einzelnen Kapitalisten oder dem, der für einen Kapitalisten gilt, eine innerhalb gewisser Schranken absolute Verfügung über fremdes Kapital und fremdes Eigentum und dadurch über fremde Arbeit. Verfügung über gesellschaftliches, nicht eignes Kapital, gibt ihm Verfügung über gesellschaftliche Arbeit. Das Kapital selbst [...] wird nur noch die Basis zum Kreditüberbau. Es gilt dies besonders im Großhandel, durch dessen Hände der größte Teil des gesellschaftlichen Produkts passiert. [...] [Den wenigen Aneignern des gesellschaftlichen Eigentums gibt der Kredit] immer mehr den Charakter reiner Glücksritter. Da das Eigentum hier in der Form der Aktie existiert, wird seine Bewegung und Übertragung reines Resultat des Börsenspiels, wo die kleinen Fische von den Haifischen und die Schafe von den Börsenwölfen verschlungen werden. In dem Aktienwesen existiert schon Gegensatz gegen die alte Form, worin gesellschaftliches Produktionsmittel als individuelles Eigentum erscheint; aber die Verwandlung in die Form der Aktie bleibt selbst noch befangen in den kapitalistischen Schranken; statt daher den Gegensatz zwischen dem Charakter des Reichtums als gesellschaftlicher und als Privatreichtum zu überwinden, bildet sie ihn nur in neuer Gestalt aus. [...]
Wenn das Kreditwesen als Haupthebel der Überproduktion und Überspekulation im Handel erscheint, so nur, weil der Reproduktionsprozeß, der seiner Natur nach elastisch ist, hier bis zur äußersten Grenze forciert wird, und zwar deshalb forciert wird, weil ein großer Teil des gesellschaftlichen Kapitals von den Nichteigentümern desselben angewandt wird, die daher ganz anders ins Zeug gehn als der ängstlich die Schranken sei-

nes Privatkapitals erwägende Eigentümer, soweit er selbst fungiert. Es tritt damit nur hervor, daß die auf den gegensätzlichen Charakter der kapitalistischen Produktion gegründete Verwertung des Kapitals die wirkliche, freie Entwicklung nur bis zu einem gewissen Punkt erlaubt, also in der Tat eine immanente Fessel und Schranke der Produktion bildet, die beständig durch das Kreditwesen durchbrochen wird. Das Kreditwesen beschleunigt daher die materielle Entwicklung der Produktivkräfte und die Herstellung des Weltmarkts, die als materielle Grundlagen der neuen Produktionsform bis auf einen gewissen Höhegrad herzustellen, die historische Aufgabe der kapitalistischen Produktionsweise ist. Gleichzeitig beschleunigt der Kredit die gewaltsamen Ausbrüche dieses Widerspruchs, die Krisen, und damit die Elemente der Auflösung der alten Produktionsweise.

Die dem Kreditsystem immanenten doppelseitigen Charaktere: einerseits die Triebfelder der kapitalistischen Produktion, Bereicherung durch Ausbeutung fremder Arbeit, zum reinsten und kolossalsten Spiel- und Schwindelsystem zu entwickeln und die Zahl der den gesellschaftlichen Reichtum ausbeutenden Wenigen immer mehr zu beschränken; andrerseits aber die Übergangsform zu einer neuen Produktionsweise zu bilden, – diese Doppelseitigkeit ist es, die den Hauptverkündern des Kredits [...] ihren angenehmen Mischcharakter von Schwindler und Prophet gibt.

(1865, MEW, Bd. 25)

Über Proudhon
Brief an J.B. v. Schweitzer

London, 24. Januar 1865

Sehr geehrter Herr!
Ich erhielt gestern einen Brief, worin Sie von mir ausführliche Beurteilung *Proudhons* verlangen. Zeitmangel erlaubt mir nicht, Ihren Wunsch zu befriedigen. Zudem habe ich *keine* seiner Schriften hier zur Hand. Um Ihnen jedoch meinen guten Willen zu zeigen, werfe ich rasch eine kurze Skizze hin. Sie kön-

nen dann nachholen, zusetzen, auslassen, kurz und gut, damit machen, was Ihnen gutdünkt.

Proudhons erster Versuche erinnere ich mich nicht mehr. Seine Schularbeit über die »*Langue universelle*« zeigt, wie ungeniert er sich an Probleme wagte, zu deren Lösung ihm noch die ersten Vorkenntnisse fehlten.

Sein erstes Werk »*Qu' est-ce que la propriété?*« ist unbedingt sein bestes Werk. Es ist epochemachend, wenn nicht durch neuen Inhalt, so doch durch die neue und kecke Art, Altes zu sagen. In den Werken der ihm bekannten französischen Sozialisten und Kommunisten war natürlich die »*propriété*« nicht nur mannigfach kritisiert, sondern auch utopisch »*aufgehoben*« worden. Proudhon verhält sich in jener Schrift zu Saint-Simon und Fourier ungefähr wie sich Feuerbach zu Hegel verhält. Verglichen mit Hegel ist Feuerbach durchaus arm. Dennoch war er epochemachend *nach* Hegel, weil er den *Ton* legte auf gewisse, dem christlichen Bewußtsein unangenehme und für den Fortschritt der Kritik wichtige Punkte, die Hegel in einem mystischen Clair-obscur gelassen hatte.

Wenn ich mich so ausdrücken darf, herrscht in jener Schrift Proudhons noch starke Muskulatur des Stils. Und ich halte den Stil derselben für ihr Hauptverdienst. Man sieht, daß selbst da, wo nur Altes reproduziert wird, Proudhon selbständig findet; daß das, was er sagt, ihm selbst neu war und als neu gilt. Herausfordernder Trotz, der das ökonomische »Allerheiligste« antastet, geistreiche Paradoxie, womit der gemeine Bürgerverstand gefoppt wird, zerreißendes Urteil, bittre Ironie, dann und wann durchschauend ein tiefes und wahres Gefühl der Empörung über die Infamie des Bestehenden, revolutionärer Ernst – durch alles das elektrisierte »*Qu'est-ce que la propriété?*« und gab einen großen Anstoß bei seinem ersten Erscheinen. In einer streng wissenschaftlichen Geschichte der politischen Ökonomie wäre dieselbe Schrift kaum erwähnenswert. Aber solche Sensationalschriften spielen in den Wissenschaften ebensogut ihre Rolle wie in der Romanliteratur. Man nehme z. B. *Malthus'* Schrift über »*Population*«. In ihrer ersten Ausgabe ist sie nichts als ein »*sensational pamphlet*«, dazu *Plagiat* von Anfang zu Ende. Und doch, wieviel Anstoß gab dies *Pasquill auf das Menschengeschlecht!*

Läge Proudhons Schrift vor mir, so wäre an einigen Beispielen seine *erste Manier* leicht nachzuweisen. In den Paragraphen, die er selbst für die wichtigsten hielt, ahmt er *Kants* Behandlung der *Antinomien* nach – es war dies der einzige deutsche Philosoph, den er damals aus Übersetzungen kannte – und läßt den starken Eindruck zurück, daß ihm, wie Kant, die Lösung der Antinomien für etwas gilt, das *»jenseits«* des menschlichen Verstandes fällt, d. h. worüber sein eigner Verstand im unklaren bleibt.

Trotz aller scheinbaren Himmelsstürmerei findet man aber schon in »Qu'est-ce que la propriété?« den Widerspruch, daß Proudhon einerseits die Gesellschaft vom Standpunkt und mit den Augen eines französischen Parzellenbauern (später *petit bourgeois*) kritisiert, andererseits den von den Sozialisten ihm überlieferten Maßstab anlegt.

Das Ungenügende der Schrift war schon in ihrem Titel angedeutet. Die Frage war so falsch gestellt, daß sie nicht richtig beantwortet werden konnte. Die *antiken »Eigentumsverhältnisse«* waren untergegangen in den *feudalen,* die feudalen in den *»bürgerlichen«.* Die Geschichte selbst hatte so ihre Kritik an den vergangnen *Eigentumsverhältnissen* ausgeübt. Das, worum es sich für Proudhon eigentlich handelte, war das bestehende *modern-bürgerliche Eigentum.* Auf die Frage, was dies sei, konnte nur geantwortet werden durch eine kritische Analyse der *»politischen Ökonomie«,* die das Ganze jener *Eigentumsverhältnisse,* nicht in ihrem *juristischen* Ausdruck als *Willensverhältnisse,* sondern in ihrer realen Gestalt, d. h. als Produktionsverhältnisse, umfaßte. Indem Proudhon aber die Gesamtheit dieser ökonomischen Verhältnisse in die allgemeine juristische Vorstellung *»das Eigentum«, »la propriété«,* verflocht, konnte er auch nicht über die Antwort hinauskommen, die *Brissot* mit denselben Worten in einer ähnlichen Schrift schon vor 1789 gegeben hatte: »La propriété c'est le vol.«[*]

Im besten Fall kommt dabei nur heraus, daß die bürgerlich-juristischen Vorstellungen von *»Diebstahl«* auch auf des Bürgers eignen *»redlichen«* Erwerb passen. Andererseits verwickelte sich Proudhon, da der *»Diebstahl«* als gewaltsame Verletzung des Eigentums *das Eigentum voraussetzt,* in allerlei ihm selbst unklare Hirngespinste über *das wahre bürgerliche Eigentum.*

Während meines Aufenthalts in Paris, 1844, trat ich zu Proudhon in persönliche Beziehung. Ich erwähne das hier, weil ich zu einem gewissen Grad mit schuld bin an seiner *»Sophistication«,* wie die Engländer die Fälschung eines Handelsartikels

---

[*] »Eigentum ist Diebstahl.«

nennen. Während langer, oft übernächtiger Debatten infizierte ich ihn zu seinem großen Schaden mit Hegelianismus, den er doch bei seiner Unkenntnis der deutschen Sprache nicht ordentlich studieren konnte. Was ich begann, setzte nach meiner Ausweisung aus Paris Herr *Karl Grün* fort. Der hatte als Lehrer der deutschen Philosophie noch den Vorzug vor mir, daß er selbst nichts davon verstand.

Kurz vor Erscheinen seines zweiten bedeutenden Werkes »Philosophie de la misère etc.« kündigte mir Proudhon dieses selbst in einem sehr ausführlichen Brief an, worin u. a. die Worte unterlaufen: »*J'attends votre férule critique.*«* Indes fiel diese bald in einer Weise auf ihn (in meiner Schrift »*Misère de la philosophie* etc.«, *Paris* 1847), die unserer Freundschaft für immer ein Ende machte.

Aus dem hier Gesagten ersehen Sie, daß Proudhons »*Philosophie de la misère ou Système des contradictions économiques*« eigentlich erst die Antwort enthielt auf die Frage: »*Qu'est-ce que la propriété?*« Er hatte in der Tat erst nach dem Erscheinen dieser Schrift seine ökonomischen Studien begonnen; er hatte entdeckt, daß die von ihm aufgeworfene Frage nicht beantwortet werden konnte mit einer *Invektive*, sondern nur durch *Analyse* der modernen »*politischen Ökonomie*«. Er versuchte zugleich, das *System* der ökonomischen Kategorien dialektisch darzustellen. An die Stelle der unlösbaren »*Antinomien*« Kants sollte der *Hegelsche* »*Widerspruch*« als Entwicklungsmittel treten.

Zur Beurteilung seines zweibändigen, dickleibigen Werkes muß ich Sie auf meine Gegenschrift verweisen. Ich zeigte darin u. a., wie wenig er in das Geheimnis der wissenschaftlichen Dialektik eingedrungen; wie er andererseits die Illusionen der spekulativen Philosophie teilt, indem er die *ökonomischen Kategorien, statt als theoretische Ausdrücke historischer, einer bestimmten Entwicklungsstufe der materiellen Produktion entsprechender Produktionsverhältnisse* zu begreifen, sie in präexistierende, *ewige Ideen* verfaselt, und wie er auf diesem Umwege wieder auf dem Standpunkt der bürgerlichen Ökonomie ankommt.

Ich zeige weiter noch, wie durchaus mangelhaft und teilweise selbst schülerhaft seine Bekanntschaft mit der »politischen Ökonomie«, deren Kritik er unternahm, und wie er mit den Utopisten auf eine sogenannte »*Wissenschaft*« Jagd macht, wodurch eine Formel für die »Lösung der sozialen Frage« a

---

* »Ich erwarte Ihre strenge Kritik.«

priori herausspintisiert werden soll, statt die Wissenschaft aus der kritischen Erkenntnis der geschichtlichen Bewegung zu schöpfen, einer Bewegung, die selbst die materiellen Bedingungen der Emanzipation produziere. Namentlich aber wird gezeigt, wie Proudhon über die Grundlage des Ganzen, den *Tauschwert*, im unklaren, falschen und halben bleibt, ja die utopistische Auslegung der *Ricardo*schen Werttheorie für die Grundlage einer neuen Wissenschaft versieht. Über seinen allgemeinen Standpunkt urteile ich zusammenfassend wie folgt:

»[...] Er will als Mann der Wissenschaft über Bourgeois und Proletariern schweben; *er ist nur der Kleinbürger*, der beständig zwischen dem Kapital und der Arbeit, zwischen der politischen Ökonomie und dem Kommunismus hin- und hergeworfen wird.«

Hart, wie das vorstehende Urteil klingt, muß ich noch heute jedes Wort desselben unterschreiben. Zugleich aber bedenke man, daß zur Zeit, wo ich Proudhons Buch für den Kodex des Sozialismus des petit bourgeois erklärte und dies theoretisch nachwies, Proudhon noch als *Ultra*-Erzrevolutionär von politischen Ökonomisten und von Sozialisten zugleich verketzert ward. Deshalb habe ich später auch nie eingestimmt in das Geschrei über seinen »*Verrat*« an der Revolution. Es war nicht seine Schuld, wenn er, von andern wie von sich selbst ursprünglich mißverstanden, unberechtigte Hoffnungen nicht erfüllt hat.

In der »*Philosophie de la misère*« springen alle Mängel der Proudhon'schen Darstellungsweise im Kontrast zu »*Qu'est-ce que la propriété?*« sehr ungünstig hervor. Der Stil ist oft, was die Franzosen *ampoulé* nennen. Hochtrabend spekulatives Kauderwelsch, deutsch-philosophisch sein sollend, tritt regelrecht ein, wo ihm die gallische Verstandsschärfe ausgeht. Ein marktschreierischer, selbstlobhudelnder, ein renommistischer Ton, namentlich das stets so unerquickliche Gesalbader von und falsches Gepränge mit »*Wissenschaft*«, gellt einem fortwährend ins Ohr. Statt der wirklichen Wärme, welche die erste Schrift durchleuchtet, wird sich hier an gewissen Stellen systematisch in eine fliegende Hitze hineindeklamiert. Dazu das unbeholfenwidrige Gelehrttun des Autodidakten, dessen naturwüchsiger Stolz auf originelles Selbstdenken bereits gebrochen ist und der nun als Parvenü der Wissenschaft mit dem, was er nicht ist und nicht hat, sich spreizen zu müssen wähnt. Dann die Gesinnung des Kleinbürgers, der etwa einen Mann wie *Cabet*, respektabel wegen seiner praktischen Stellung zum französischen Proletariat, unanständig brutal – weder scharf noch tief, noch selbst richtig – angreift, dagegen z. B. einem *Dunoyer* (allerdings »Staatsrat«) gegenüber artig tut, obgleich die ganze Bedeutung jenes Dunoyer in dem komischen Ernst bestand, womit er drei dicke, unerträglich langweilige Bände hindurch den Rigorismus predigte, den Helvétius so charakterisiert: *»On veut que les malheureux soient parfaits.«* (Man verlangt, daß die Unglücklichen vollkommen sein sollen.)

Die Februarrevolution kam Proudhon in der Tat sehr ungelegen, da er just einige Wochen zuvor unwiderleglich bewiesen hatte, daß *»die Ära der Revolutionen«* für immer vorüber sei. Sein Auftreten in der Nationalversammlung, sowenig Einsicht in die vorliegenden Verhältnisse es bewies, verdient alles Lob. *Nach* der Juni-Insurrektion war es ein Akt großen Mutes. Es hatte außerdem die günstige Folge, daß Herr *Thiers* in seiner Gegenrede gegen Proudhons Vorschläge, die dann als besondere Schrift veröffentlicht ward, ganz Europa bewies, auf welchem Kleinkinderkatechismus-Piedestal dieser geistige Pfeiler der französischen Bourgeoisie stand. Herrn *Thiers* gegenüber schwoll *Proudhon* in der Tat zu einem vorsündflutlichen Kolosse auf. [...]

Vor wenigen Jahren schrieb Proudhon eine Preisschrift – ich glaube von der Lausanner Regierung veranlaßt – über die *»Steuern«*. Hier erlischt auch die letzte Spur von Genialität. Es bleibt nichts als der *petit bourgois tout pur.*

Was Proudhons politische und philosophische Schriften angeht, so zeigt sich in allen derselbe widerspruchsvolle, zwieschlächtige Charakter wie in den ökonomischen Arbeiten. Dabei haben sie nur lokal-französischen Wert. Seine Angriffe gegen Religion, Kirche usw. besitzen jedoch ein großes lokales Verdienst zu einer Zeit, wo die französischen Sozialisten es passend hielten, dem bürgerlichen Voltairianismus des 18. und der deutschen Gottlosigkeit des 19. Jahrhunderts durch Religiosität überlegen zu sein. Wenn Peter der Große die russische Barbarei durch Barbarei niederschlug, so tat Proudhon sein Bestes, das französische Phrasenwesen durch die Phrase niederzuwerfen.

Als nicht nur schlechte Schriften, sondern als Gemeinheiten, jedoch dem kleinbürgerlichen Standpunkt entsprechende Gemeinheiten, sind zu bezeichnen seine Schrift über den *»Coup d'état«*, worin er mit L. Bonaparte kokettiert, ihn in der Tat den französischen Arbeitern mundgerecht zu machen strebt, und seine letzte Schrift gegen *Polen*, worin er dem Zaren zur Ehre kretinartigen Zynismus treibt.

Man hat *Proudhon* oft mit *Rousseau* verglichen. Nichts kann falscher sein. Eher hat er Ähnlichkeit mit *Nic. Linguet,* dessen »*Théorie des loix civiles*« übrigens ein sehr geniales Buch ist.

Proudhon neigte von Natur zur Dialektik. Da er aber nie die wirklich wissenschaftliche Dialektik begriff, brachte er es nur zur Sophistik. In der Tat hing das mit seinem kleinbürgerlichen Standpunkt zusammen. Der Kleinbürger ist wie der Geschichtsschreiber *Raumer* zusammengesetzt aus einerseits und andrerseits. So in seinen ökonomischen Interessen, und *daher* in seiner Politik, seinen religiösen, wissenschaftlichen und künstlerischen Anschauungen. So in seiner Moral, so in everything. Er ist der lebendige Widerspruch. Ist er dabei, wie Proudhon, ein geistreicher Mann, so wird er bald mit seinen eigenen Widersprüchen spielen lernen und sie je nach Umständen zu auffallenden, geräuschvollen, manchmal skandalösen, manchmal brillanten Paradoxen ausarbeiten. Wissenschaftlicher Scharlatanismus und politische Akkomodation sind von solchem Standpunkt unzertrennlich. Es bleibt nur noch ein treibendes Motiv, die *Eitelkeit* des Subjekts, und es fragt sich, wie bei allen Eiteln, nur noch um den Erfolg des Augenblicks, um das Aufsehn des Tages. So erlischt notwendig der einfache sittliche Takt, der einen Rousseau z. B. selbst jedem Scheinkompromiß mit den bestehenden Gewalten stets fernhielt.

Vielleicht wird die Nachwelt die jüngste Phase des Franzosentums dadurch charakterisieren, daß Louis Bonaparte sein Napoleon war und Proudhon sein Rousseau-Voltaire.

Sie müssen nun selbst die Verantwortlichkeit dafür übernehmen, daß Sie, so bald nach dem Tode des Mannes, die Rolle des Totenrichters mir aufgebürdet.

Ihr ganz ergebener
Karl Marx

(MEW, Bd. 16)

5. KAPITEL

»Jagd über die Erdkugel« –
Das Kapital und die nichtkapitalistische Welt

Die moderne Kolonisationstheorie
Aus: *Das Kapital*

Der große zivilisierende Einfluß des Kapitals
Aus: *Grundrisse der Kritik der politischen Ökonomie*

Geschichte des Opiumhandels

Indische Frage

Jagd über die Erdkugel
Aus: *Das Kommunistische Manifest*

Die russische Dorfgemeinde

Brief an Jenny Marx, geb. v. Westphalen

Marx hat begriffen, was es für nichtkapitalistische Länder bedeutet, wenn das Kapital sie kolonisiert. Er hat nicht nur Anklage erhoben, sondern die zivilisierende Kraft des Kapitals betont. Im »Kommunistischen Manifest« feiert er den Fortschritt, den die modernen Produktionskräfte mitbringen. Aber er beschreibt auch das Zerstörungswerk der westlichen Zivilisation in den damaligen Kolonien. – Von einer schematischen Stufenfolgen-Vorstellung, wie sie ihm von Gegnern und Parteigängern immer wieder unterstellt worden ist: Feudalismus-Kapitalismus-Sozialismus-Kommunismus, war er weit entfernt. Das belegen seine Entwürfe für einen Brief an die russische Revolutionärin Vera Sassulitsch, die ihn nach seiner Ansicht über das historische Phasenmodell befragt hatte. In Rußland existierte noch eine Art urkommunistischer Landgemeinde. Müsse diese einer kapitalistischen ›Zwischenstufe‹ geopfert werden, wie damalige russische ›Marxisten‹ meinten, oder könne ein russischer Sozialismus auf sie aufbauen? Marx war skeptisch, schloß jedoch den letztgenannten Weg nicht aus, woraus erhellt, daß er keineswegs der blinde Modernisierer und schematische »Phasen«-Denker war, zu dem der Leninismus ihn später verkürzt hat. – Der Brief an Jenny Marx verträgt keinen Kommentar. Er steht hier, weil das Schönste an den Schluß gehört.

Die moderne Kolonisationstheorie
Aus: *Das Kapital*, Band 1

Im Westen von Europa, dem Heimatland der politischen Ökonomie, ist der Prozeß der ursprünglichen Akkumulation mehr
oder minder vollbracht. Das kapitalistische Regiment hat hier
entweder die ganze nationale Produktion sich direkt unterworfen, oder, wo die Verhältnisse noch unentwickelter, kontrolliert
es wenigstens indirekt die neben ihm fortexistierenden, ver-
kommenen, der veralteten Produktionsweise angehörigen Ge-
sellschaftsschichten. Auf diese fertige Welt des Kapitals wendet
der politische Ökonom mit desto ängstlicherem Eifer und desto
größerer Salbung die Rechts- und Eigentumsvorstellungen der
vorkapitalistischen Welt an, je lauter die Tatsachen seiner Ideologie ins Gesicht schreien.

Anders in den Kolonien. Das kapitalistische Regiment stößt
dort überall auf das Hindernis des Produzenten, welcher als Besitzer seiner eignen Arbeitsbedingungen sich selbst durch seine
Arbeit bereichert statt den Kapitalisten. Der Widerspruch dieser zwei diametral entgegengesetzten ökonomischen Systeme
betätigt sich hier praktisch in ihrem Kampf. Wo der Kapitalist
die Macht des Mutterlandes im Rücken hat, sucht er die auf eigner Arbeit beruhende Produktions- und Aneignungsweise gewaltsam aus dem Weg zu räumen. Dasselbe Interesse, welches
den Sykophanten des Kapitals, den politischen Ökonomen, im
Mutterland bestimmt, die kapitalistische Produktionsweise
theoretisch für ihr eignes Gegenteil zu erklären, dasselbe Interesse treibt ihn hier »to make a clean breast of it« und den Gegensatz beider Produktionsweisen laut zu proklamieren. Zu diesem
Behuf weist er nach, wie die Entwicklung der gesellschaftlichen
Produktivkraft der Arbeit, Kooperation, Arbeitsteilung, Anwendung der Maschinerie im großen usw. unmöglich sind ohne die
Expropriation der Arbeiter und die entsprechende Verwandlung ihrer Produktionsmittel in Kapital. Im Interesse des sog.
Nationalreichtums sucht er nach Kunstmitteln zur Herstellung
der Volksarmut. Sein apologetischer Panzer zerbröckelt hier
Stück für Stück wie mürber Zunder.

Es ist das große Verdienst E.G. Wakefields, nicht irgend etwas Neues über die Kolonien, aber in den Kolonien die Wahrheit über die kapitalistischen Verhältnisse des Mutterlands entdeckt zu haben. Wie das Protektionssystem in seinen Ursprün-

gen die Fabrikation von Kapitalisten im Mutterland, so erstrebt Wakefields Kolonisationstheorie, welche England eine Zeitlang gesetzlich ins Werk zu setzen suchte, die Fabrikation von Lohnarbeitern in den Kolonien. Das nennt er »systematic colonization« (systematische Kolonisation). [...]

Zum Verständnis der folgenden Entdeckungen Wakefields zwei Vorbemerkungen. Man weiß: Produktions- und Lebensmittel, als Eigentum des unmittelbaren Produzenten, sind kein Kapital. Sie werden Kapital nur unter Bedingungen, worin sie zugleich als Exploitations- und Beherrschungsmittel des Arbeiters dienen. Diese ihre kapitalistische Seele ist aber im Kopfe des politischen Ökonomen so innig mit ihrer stofflichen Substanz vermählt, daß er sie unter allen Umständen Kapital tauft, auch wo sie das grade Gegenteil sind. [...]

Solange also der Arbeiter für sich selbst akkumulieren kann, und das kann er, solange er Eigentümer seiner Produktionsmittel bleibt, ist die kapitalistische Akkumulation und die kapitalistische Produktionsweise unmöglich. Die dazu unentbehrliche Klasse der Lohnarbeiter fehlt. Wie wurde nun im alten Europa die Expropriation des Arbeiters von seinen Arbeitsbedingungen, daher Kapital und Lohnarbeit, hergestellt? Durch einen contrat social ganz origineller Art.

»Die Menschheit« – so Wakefield – »adoptierte eine einfache Methode zur Förderung der Akkumulation des Kapitals«, die ihr natürlich seit Adams Zeiten als letzter und einziger Zweck ihres Daseins vorschwebte; »sie teilte sich in Eigner von Kapital und Eigner von Arbeit... diese Teilung war das Resultat freiwilliger Verständigung und Kombination.« [...]

Man sah: die Expropriation der Volksmasse von Grund und Boden bildet die Grundlage der kapitalistischen Produktionsweise. Das Wesen einer freien Kolonie besteht umgekehrt darin, daß die Masse des Bodens noch Volkseigentum ist und jeder Ansiedler daher einen Teil davon in sein Privateigentum und individuelles Produktionsmittel verwandeln kann, ohne den spätren Ansiedler an derselben Operation zu verhindern. Dies ist das Geheimnis sowohl der Blüte der Kolonien als ihres Krebsschadens – ihres Widerstands wider die Ansiedlung des Kapitals. [...]

Die große Schönheit der kapitalistischen Produktion besteht darin, daß sie nicht nur beständig den Lohnarbeiter als Lohnarbeiter reproduziert, sondern im Verhältnis zur Akkumulation des Kapitals stets eine relative Übervölkerung von Lohnarbeitern produziert. So wird das Gesetz von Arbeitsnachfrage und

Zufuhr in richtigem Gleis gehalten, die Lohnschwankung innerhalb der kapitalistischen Exploitation zusagende Schranken gebannt und endlich die so unentbehrliche soziale Abhängigkeit des Arbeiters vom Kapitalisten verbürgt, ein absolutes Abhängigkeitsverhältnis, das der politische Ökonom zu Haus, im Mutterland, breimäulig umlügen kann in ein freies Kontraktverhältnis von Käufer und Verkäufer, von gleich unabhängigen Warenbesitzern, Besitzern der Ware Kapital und der Ware Arbeit. Aber in den Kolonien reißt der schöne Wahn entzwei. Die absolute Bevölkerung wächst hier viel rascher als im Mutterland, indem viele Arbeiter erwachsen auf die Welt kommen, und dennoch ist der Arbeitsmarkt stets untervoll. Das Gesetz der Arbeitsnachfrage und Zufuhr gerät in die Brüche. Einerseits wirft die alte Welt fortwährend exploitationslustiges [...] Kapital ein; andrerseits stößt die regelmäßige Reproduktion der Lohnarbeiter als Lohnarbeiter auf die unartigsten und teilweis unüberwindliche Hindernisse. [...] Jedes langatmige Unternehmen, das sich über Jahre erstreckt und Auslage von fixem Kapital erheischt, stößt auf Hindernisse der Ausführung. In Europa zögert das Kapital keinen Augenblick, denn die Arbeiterklasse bildet sein lebendiges Zubehör, stets im Überfluß da, stets zur Verfügung. Aber in den Kolonialländern! Wakefield erzählt eine äußerst schmerzensreiche Anekdote. Er unterhielt sich mit einigen Kapitalisten von Kanada und dem Staat New York, wo zudem die Einwanderungswogen oft stocken und einen Bodensatz »überzähliger« Arbeiter niederschlagen.

»Unser Kapital«, seufzt eine der Personen des Melodramas, »unser Kapital lag bereit für viele Operationen, die eine beträchtliche Zeitperiode zu ihrer Vollendung brauchen; aber konnten wir solche Operationen beginnen mit Arbeitern, welche, wir wußten es, uns bald den Rücken wenden würden? Wären wir sicher gewesen, die Arbeit solcher Einwandrer festhalten zu können, wir hätten sie mit Freude sofort engagiert und zu hohem Preis. Ja, trotz der Sicherheit ihres Verlustes würden wir sie dennoch engagiert haben, wären wir einer frischen Zufuhr je nach unserm Bedürfnis sicher gewesen.« [...]

Wie nun den antikapitalistischen Krebsschaden der Kolonien heilen? Wollte man allen Grund und Boden mit einem Schlag aus Volkseigentum in Privateigentum verwandeln, so zerstörte man zwar die Wurzel des Übels, aber auch – die Kolonie.

(1867, MEW, Bd. 23)

Der große zivilisierende Einfluß des Kapitals

Aus: »Das Kapitel vom Kapital
Zirkulationsprozeß und bürgerliche Gesellschaft«, in:
Grundrisse der Kritik der politischen Ökonomie

Wie also die auf das Kapital gegründete Produktion einerseits die universelle Industrie schafft – d. h. Surplusarbeit, wertschaffende Arbeit –, so anderseits ein System der allgemeinen Exploitation der natürlichen und menschlichen Eigenschaften, ein System der allgemeinen Nützlichkeit, als dessen Träger die Wissenschaft selbst so gut erscheint wie alle physischen und geistigen Eigenschaften, während nichts als *An-sich-Höheres*, Für-sich-selbst-Berechtigtes, außer diesem Zirkel der gesellschaftlichen Produktion und Austauschs erscheint. So schafft das Kapital erst die bürgerliche Gesellschaft und die universelle Aneignung der Natur wie des gesellschaftlichen Zusammenhangs selbst durch die Glieder der Gesellschaft. Hence the great civilising influence of capital [Daher der große zivilisierende Einfluß des Kapitals]; seine Produktion einer Gesellschaftsstufe, gegen die alle frühren nur als *lokale Entwicklung* der Menschheit und als *Naturidolatrie* erscheinen. Die Natur wird erst rein Gegenstand für den Menschen, rein Sache der Nützlichkeit; hört auf, als Macht für sich anerkannt zu werden; und die theoretische Erkenntnis ihrer selbständigen Gesetze erscheint selbst nur als List, um sie den menschlichen Bedürfnissen, sei es als Gegenstand des Konsums, sei es als Mittel der Produktion, zu unterwerfen. Das Kapital treibt dieser seiner Tendenz nach ebensosehr hinaus über nationale Schranken und Vorurteile wie über Naturvergötterung und überlieferte, in bestimmten Grenzen selbstgenügsam eingepfählte Befriedigung vorhandener Bedürfnisse und Reproduktion alter Lebensweise. Es ist destruktiv gegen alles dies und beständig revolutionierend, alle Schranken niederreißend, die die Entwicklung der Produktivkräfte, die Erweiterung der Bedürfnisse, die Mannigfaltigkeit der Produktion und die Exploitation und den Austausch der Natur- und Geisteskräfte hemmen.

Daraus aber, daß das Kapital jede solche Grenze als Schranke setzt und daher *ideell* darüber weg ist, folgt keineswegs, daß es sie *real* überwunden hat, und da jede solche Schranke seiner Bestimmung widerspricht, bewegt sich seine Produktion in Widersprüchen, die beständig überwunden, aber ebenso beständig gesetzt werden. Noch mehr. Die Universalität, nach der es unaufhaltsam hintreibt, findet Schranken an seiner eignen Natur, die auf einer gewissen Stufe seiner Entwicklung es selbst als die größte Schranke dieser Tendenz werden erkennen lassen und daher zu seiner Aufhebung durch es selbst hintreiben.

(1857/8, Grundrisse der Kritik der politischen Ökonomie, Dietz Verlag Ostberlin, 1953)

Geschichte des Opiumhandels

Montgomery Martin erzählt:
»Ich erkundigte mich beim Taotai* in Schanghai, auf welche Art und Weise wir unseren Handel mit China am besten steigern könnten; und das erste, was er mir in Gegenwart von Captain Balfour, dem Konsul Ihrer Majestät, zur Antwort gab, war: Schicken Sie uns nicht mehr soviel Opium, und wir werden in der Lage sein, Ihnen Ihre Fabrikate abzunehmen.«

In den letzten acht Jahren hat die Geschichte des Handels diese Feststellung auf neue, treffende Art bestätigt; bevor wir aber die verderbliche Wirkung des Opiumhandels auf den legitimen Handel untersuchen, möchten wir einen kurzen Überblick über das Aufkommen und das Umsichgreifen dieses staunenswerten Handels geben, der in den Annalen der Menschheit einzig dasteht, ob wir nun die tragischen Konflikte betrachten, die sozusagen die Achse bilden, um die er sich dreht, oder seine Auswirkungen auf die allgemeinen Beziehungen zwischen der östlichen und der westlichen Welt. Vor 1767 betrug die Menge des aus Indien exportierten Opiums nicht mehr als 200 Kisten bei einem Gewicht von etwa 133 lbs. je Kiste. Opium war in

---

* höchsten Beamten

China gegen Entrichtung von etwa 3 Dollar Zoll je Kiste als ein Heilmittel gesetzlich zugelassen, wobei die Portugiesen, die das Opium aus der Türkei brachten, seine fast ausschließlichen Exporteure ins Himmlische Reich waren. Im Jahre 1773 brachten Colonel Watson und Vizepräsident Wheeler – Individuen, die einen Platz neben den Hermentiers, Palmers und anderen Giftmischern von Weltruf verdienen – die Ostindische Kompanie auf die Idee, den Opiumhandel mit China aufzunehmen. Hierauf wurde ein Opiumdepot auf Schiffen eingerichtet, die in einer Bucht südwestlich von Macao vor Anker lagen. Die Spekulation war ein Fehlschlag. Im Jahre 1781 sandte die Regierung von Bengalen ein bewaffnetes Schiff mit einer Opiumladung nach China, und 1794 stationierte die Kompanie ein großes Opiumschiff in Whampoa, dem Ankerplatz des Hafens von Kanton. Anscheinend war Whampoa ein geeigneteres Depot als Macao; denn schon zwei Jahre, nachdem man sich für diesen Hafen entschieden hatte, sah sich die chinesische Regierung genötigt, ein Gesetz zu erlassen, das chinesischen Opiumschmugglern androhte, mit einem Bambusstock geprügelt und mit hölzernen Kragen um den Hals in den Straßen zur Schau gestellt zu werden. Um 1798 stellte die Ostindische Kompanie den direkten Opiumexport ein, dafür wurde sie jetzt Opiumproduzent. In Indien wurde das Opiummonopol errichtet; und während den Schiffen der Kompanie scheinheilig verboten wurde, mit dem Rauschgift zu handeln, enthielten die Lizenzen, die sie privaten Schiffen für den Chinahandel erteilte, eine Strafandrohung für den Fall, daß sie anderes als von der Kompanie hergestelltes Opium laden würden. Im Jahre 1800 hatte die Einfuhr in China 2000 Kisten erreicht. Der Kampf zwischen der Ostindischen Kompanie und dem Himmlischen Reich, der während des 18. Jahrhunderts einen Charakter trug, der allen Fehden zwischen dem ausländischen Kaufmann und dem nationalen Zollamt gemeinsam war, nahm mit Beginn des 19. Jahrhunderts ganz besondere und außergewöhnliche Züge an; während der Kaiser von China gleichzeitig die Einfuhr des Giftes durch die Ausländer und seinen Konsum durch die Einheimischen verbot, um den Selbstmord seines Volkes zu verhindern, verwandelte die Ostindische Kompanie den Opiumanbau in Indien und den Opiumschmuggel nach China sehr schnell in unabdingbare Bestandteile ihres eigenen Finanzsystems. Während der Halbbarbar das Prinzip der Moral vertrat, stellte ihm der Zivilisierte das Prinzip des Mammons entgegen. Daß ein Riesenreich, das nahezu ein Drittel der Menschheit umfaßt, das trotz des Fort-

schreitens der Zeit dahinvegetiert, durch künstliche Abkapse-
lung vom allgemeinen Verkehr isoliert ist und es deshalb zu-
wege bringt, sich mit Illusionen über seine himmlische Voll-
kommenheit zu täuschen –, daß solch ein Reich schließlich vom
Schicksal ereilt wird in einem tödlichen Zweikampf, in dem der
Vertreter einer veralteten Welt aus ethischen Beweggründen zu
handeln scheint, während der Vertreter der überlegenen modernen Gesellschaft um das Privileg kämpft, auf den billigsten
Märkten zu kaufen und auf den teuersten zu verkaufen – das ist
wahrlich ein tragischer Abgesang, wie ihn seltsamer kein Dichter je ersonnen haben könnte.

(1858, MEW, Bd. 12)

Indische Frage

Die britische Herrschaft in Indien
[Die] kleinen stereotypen Formen des sozialen Organismus
wurden zum größeren Teil aufgelöst und sind im Begriffe zu
verschwinden, weniger infolge brutalen Eingreifens des britischen Steuereinhebers und britischer Soldaten, als vielmehr
dank dem Einflusse der englischen Dampfmaschine und des
englischen Freihandels. Derartige Familiengemeinschaften
gründeten sich auf die Heimindustrie in der spezifischen Zusammenfassung von Handweberei, Handspinnerei und von
handbetriebenem Ackerbau, die sie zu Selbstversorgern machte.
Das englische Eingreifen, das den Spinner nach Lancashire, den
Weber nach Bengalen verpflanzte oder beide, den Hindu-Spin-
ner wie den Hindu-Weber, hinwegfegte, löste diese kleinen
halbbarbarischen, halbzivilisierten Gemeinwesen auf, indem es
ihre wirtschaftliche Grundlage sprengte und so die größte und
in Wahrheit einzige *soziale* Revolution, die Asien je gesehen,
vollbrachte.

So drückend es nun menschlichem Empfinden auch sein mag, zu sehen, wie diese unzähligen, fleißigen, patriarchalischen und friedfertigen sozialen Gemeinschaften desorganisiert, in ihre Bestandteile aufgelöst, in einen Abgrund des Elends gestürzt werden und ihre einzelnen Glieder mit ihrer alten Kultur gleichzeitig ihrer ererbten Existenzmöglichkeiten beraubt werden, dürfen wir doch nicht vergessen, daß diese idyllischen Dorfgemeinden, so harmlos sie auch erscheinen mögen, seit jeher die feste Grundlage des orientalischen Despotismus gebildet haben, den menschlichen Geist am denkbar beschränktesten Horizont haften ließen, ihn zum willenlosen Werkzeug des Aberglaubens, zum Sklaven traditioneller Gewohnheiten machten und ihn jeder Größe, jeder geschichtlich schöpferischen Energie beraubten. Wir dürfen nicht vergessen den barbarischen Egoismus, der, an einem elenden Fetzen Boden klebend, ruhig den Ruin ganzer Reiche, die Ausübung unaussprechlicher Grausamkeiten, die Niedermetzelung der Bevölkerung ganzer großer Städte mit ansah, unfähig, in alledem etwas anderes als ein Naturereignis schlechthin zu erblicken, selbst aber zur Ohnmacht verdammt war und daher von jedem Angreifer, der ihn seiner Aufmerksamkeit würdigte, verschlungen wurde. Wir dürfen nicht vergessen, daß dieses würdelose, unbewegliche und vegetative Dasein, diese passive Existenz als Reaktion auf der anderen Seite wilde, ziellose und unbändige Kräfte der Zerstörung wachrief, die in Hindostan selbst den Mord zur religiösen Handlung machten. Wir dürfen nicht vergessen, daß diese kleinen Gemeinschaften zu Kastenscheidung und Sklaverei verdammt waren, daß sie den Menschen zum bloßen Objekt äußerer Verhältnisse herabwürdigten, statt ihn zum Beherrscher der äußeren Gewalten zu erheben, daß sie einen durch Eigenentwicklung erzeugten sozialen Zustand in ein unabänderliches Naturgebot verwandelten und dadurch zu jener rohen Anbetung der Natur gelangten, die ihre ganze Würdelosigkeit in der Tatsache offenbarte, daß der Mensch, der Beherrscher der Natur, vor Kanuman, dem Affen, und Saballa, der Kuh, andächtig in die Knie sank.

Gewiß wurde England bei der Ablösung dieser sozialen Revolution in Hindostan allein durch niedrigste Interessen getrieben, ging es in seinem Bestreben, sich durchzusetzen, stupid vor. Doch nicht darum handelt es sich. Es handelt sich vielmehr um die Frage: Kann die Menschheit ohne eine fundamentale soziale Revolution in Asien ihrer Bestimmung Genüge leisten? Vermag sie es nicht, so war England, welches seine Verbrechen auch gewesen sein mögen, bei der Herbeiführung dieser Revolution nur das unbewußte Werkzeug der Geschichte.

Dann gibt uns, so erschütternd das Bild des Zusammenbruchs einer alten Welt auf unser eigenes Empfinden auch wirken mag, die Geschichte das Recht, mit Goethe auszurufen:

>»Sollte diese Qual uns quälen,
Da sie unsre Lust vermehrt?
Hat nicht Myriaden Seelen
Timurs Herrschaft aufgezehrt?«

Die zukünftigen Ergebnisse der Herrschaft in Indien

Alles jedoch, wozu die englische Bourgeoisie gezwungen werden mag, wird die Volksmassen weder befreien noch ihre soziale Lage wesentlich bessern, die nicht nur von der Entwicklung der Produktivkräfte, sondern auch von deren Aneignung durch das Volk abhängt. Was die Bourgeoisie dagegen tun wird, ist, die materiellen Voraussetzungen für beides zu schaffen. Aber hat die Bourgeoisie jemals mehr getan? Hat sie je einen Fortschritt verwirklicht, ohne Individuen wie ganze Völker durch Blut und Schmutz, Elend und Erniedrigung zu schleifen?

Doch werden die Inder die Früchte der durch die britische Bourgeoisie unter sie verstreuten Elemente einer neuen Gesellschaft solange nicht ernten, als in Großbritannien selbst die gegenwärtig herrschenden Klassen nicht durch das Industrieproletariat verdrängt oder die Hindus selbst genügend erstarkt sein werden, um das englische Joch ein für allemal abzuschütteln. Auf jeden Fall ist in einer mehr oder weniger nahen Zukunft mit Sicherheit eine Wiedergeburt dieses großen und interessanten Landes zu erwarten, dessen edler Menschenschlag, um einen Ausdruck des Fürsten Saltykow zu gebrauchen, selbst in den untersten Klassen »plus fin et plus adroit que les Italiens« [feiner und gewandter als die Italiener] ist, bei dem sogar dessen Unterwürfigkeit noch durch eine gewisse ruhige Vornehmheit ausgeglichen wird, der ungeachtet seiner natürlichen Langmut die englischen Offiziere durch seine Kühnheit in Staunen setzt, dessen Land die Geburtsstätte unserer Sprachen und Religionen war und den Typus der alten Germanen im Jat und den des alten Griechen im Brahmanen verkörpert.

Ich kann die indische Frage nicht verlassen ohne ein paar Schlußworte.

154

Die tiefe Heuchelei und eingeborene Barbarei der bürgerlichen Kultur liegt offen vor unseren Augen, sowie wir uns von ihrer Heimat, wo sie sich respektabler Manieren befleißigt, den Kolonien zuwenden, in denen sie in ihrer ganzen Nacktheit auftritt. Die Bourgeoisie ist die Beschützerin des Eigentums. Und doch, hat je eine revolutionäre Partei solche Agrarrevolutionen hervorgerufen wie die in Bengalen, Madras und Bombay? Hat nicht die Bourgeoisie in Indien, um einen Ausdruck des großen Räubers Lord Clive selbst zu gebrauchen, zu grausamer Erpressung ihre Zuflucht genommen, wenn einfache Korruption mit ihrer Raffgier nicht mehr Schritt zu halten vermochte? Hat sie nicht, dieweil sie in Europa von dem unantastbaren Heiligtum der Nationalschuld schwatzte, in Indien die Dividenden der Rajahs, die ihre privaten Ersparnisse in Papieren der Ostindischen Gesellschaft angelegt hatten, konfisziert? Hat sie nicht, während sie die französische Revolution unter dem Vorwand der Verteidigung »unserer heiligen Religion« bekämpfte, gleichzeitig die Propaganda des Christentums in Indien verboten? Hat sie nicht, um aus den nach den Tempeln von Orissa und Bengal strömenden Pilgern Geld herauszuschlagen, den Mord und die Prostitution des Tempels von Juggernaut zu ihrem Gewerbe gemacht? So sehen die Männer »des Eigentums, der Ordnung, der Familie und der Religion« aus!

Die vernichtenden Wirkungen der englischen Industrie auf Indien, ein Land, das so groß ist wie Europa und 150 Millionen Acres [Morgen] umfaßt, liegen offen zutage und sind furchtbare. Doch dürfen wir nicht vergessen, daß sie lediglich das organische Ergebnis des gesamten Produktionssystems, der Form, die es zur Zeit angenommen, darstellen. Diese Produktion hat die unbeschränkte Herrschaft des Kapitals zur Grundlage. Die Zentralisation des Kapitals ist für die Existenz des Kapitals als einer unabhängigen Macht von wesentlicher Bedeutung. Die zerstörende Wirkung, die diese Zentralisation auf die Märkte der Welt ausübt, enthüllt nur in Riesendimensionen die immanenten natürlichen Gesetze der politischen Ökonomie, die heute in jeder Stadt der zivilisierten Welt am Werke sind. Die bürgerliche Periode der Geschichte hat die materielle Grundlage einer neuen Welt zu schaffen: einerseits den auf der Abhängigkeit der Völker voneinander beruhenden Weltverkehr und die Mittel dieses Verkehrs, andererseits die Entwicklung der menschlichen Produktivkräfte und Verwandlung der materiellen Produktion in wissenschaftliche Beherrschung der Naturkräfte.

Bürgerliche Industrie und bürgerlicher Handel schaffen

diese materiellen Voraussetzungen einer neuen Welt in der gleichen Weise, wie geologische Revolutionen das Antlitz der Erde
geschaffen. Erst wenn eine große soziale Revolution das Werk
der bürgerlichen Epoche, den Weltmarkt und die modernen
Produktionskräfte, gemeistert und sie der vereinigten Kontrolle
der fortgeschrittensten Völker unterworfen haben wird, erst
dann wird der menschliche Fortschritt aufhören, jenem ab-
scheulichen heidnischen Götzen zu gleichen, der den Nektar nur
aus den Schädeln Erschlagener trinken wollte.

(1853, zitiert nach: *Marx/Engels über Kunst und Literatur,*
Henschel Verlag Ostberlin, 1953, vgl. *MEW, Bd. 9)*

Jagd über die Erdkugel
Aus: Das Kommunistische Manifest

Die Bourgeoisie hat durch ihre Exploitation des Weltmarktes
die Produktion und Konsumtion aller Länder kosmopolitisch
gestaltet. Sie hat zum großen Bedauern der Reaktionäre den nationalen Boden der Industrie unter den Füßen weggezogen. Die
uralten nationalen Industrien sind vernichtet worden und werden noch täglich vernichtet. Sie werden verdrängt durch neue
Industrien, deren Einführung eine Lebensfrage für alle zivilisierten Nationen wird, durch Industrien, die nicht mehr einhei-
mische Rohstoffe verarbeiten und deren Fabrikate nicht nur im
Lande selbst, sondern in allen Weltteilen zugleich verbraucht
werden. An die Stelle der alten, durch Landeserzeugnisse be-
friedigten Bedürfnisse treten neue, welche die Produkte der ent-
ferntesten Länder und Klimate zu ihrer Befriedigung erhei-
schen. An die Stelle der alten lokalen und nationalen Selbstge-
nügsamkeit und Abgeschlossenheit tritt ein allseitiger Verkehr,
eine allseitige Abhängigkeit der Nationen voneinander. Und
wie in der materiellen, so auch in der geistigen Produktion. Die
geistigen Erzeugnisse der einzelnen Nationen werden Gemein-

gut. Die nationale Einseitigkeit und Beschränktheit wird mehr und mehr unmöglich, und aus den vielen nationalen und lokalen Literaturen bildet sich eine Weltliteratur.

Die Bourgeoisie reißt durch die rasche Verbesserung aller Produktionsinstrumente, durch die unendlich erleichterten Kommunikationen alle, auch die barbarischsten Nationen in die Zivilisation. Die wohlfeilen Preise ihrer Waren sind die schwere Artillerie, mit der sie alle chinesischen Mauern in den Grund schießt, mit der sie den hartnäckigsten Fremdenhaß der Barbaren zur Kapitulation zwingt. Sie zwingt alle Nationen, die Produktionsweise der Bourgeoisie sich anzueignen, wenn sie nicht zugrunde gehen wollen; sie zwingt sie, die sogenannte Zivilisation bei sich selbst einzuführen, d. h. Bourgeois zu werden. Mit einem Wort, sie schafft sich eine Welt nach ihrem eigenen Bilde.

Die Bourgeoisie hat das Land der Herrschaft der Stadt unterworfen. Sie hat enorme Städte geschaffen, sie hat die Zahl der städtischen Bevölkerung gegenüber der ländlichen in hohem Grade vermehrt und so einen bedeutenden Teil der Bevölkerung dem Idiotismus des Landlebens entrissen. Wie sie das Land von der Stadt, hat sie die barbarischen und halb barbarischen Länder von den zivilisierten, die Bauernvölker von den Bourgeoisvölkern, den Orient vom Okzident abhängig gemacht.

Die Bourgeoisie hebt mehr und mehr die Zersplitterung der Produktionsmittel, des Besitzes und der Bevölkerung auf. Sie hat die Bevölkerung agglomeriert, die Produktionsmittel zentralisiert und das Eigentum in wenigen Händen konzentriert. Die notwendige Folge hiervon war die politische Zentralisation. Unabhängige, fast nur verbündete Provinzen mit verschiedenen Interessen, Gesetzen, Regierungen und Zöllen wurden zusammengedrängt in *eine* Nation, *eine* Regierung, *ein* Gesetz, *ein* nationales Klasseninteresse, *eine* Douanenlinie.

Die Bourgeoisie hat in ihrer kaum hundertjährigen Klassenherrschaft massenhaftere und kolossalere Produktionskräfte geschaffen, als alle vergangenen Generationen zusammen. Unterjochung der Naturkräfte, Maschinerie, Anwendung der Chemie auf Industrie und Ackerbau, Dampfschiffahrt, Eisenbahnen, elektrische Telegraphen, Urbarmachung ganzer Weltteile, Schiffbarmachung der Flüsse, ganze aus dem Boden hervorgestampfte Bevölkerungen – welches frühere Jahrhundert ahnte, daß solche Produktionskräfte im Schoße der gesellschaftlichen Arbeit schlummerten?

(1848, MEW, Bd. 4)

Die russische Dorfgemeinde
Entwürfe für einen Brief an Vera Sassulitsch

(Leicht gekürzt nach der Zusammenstellung von Brief und Briefentwürfen durch Maximilien Rubel in: »Marx/Engels: Die russische Kommune – Kritik eines Mythos«)

Liebe Bürgerin!

Um die in Ihrem Brief vom 16. Februar aufgeworfenen Fragen gründlich zu behandeln, müßte ich auf Einzelheiten eingehen und dringende Arbeiten unterbrechen; ich hoffe jedoch, daß die gedrängte Darlegung, die ich mich beehre, Ihnen zu übersenden, genügen wird, um jedes Mißverständnis bezüglich meiner sogenannten Theorie zu zerstreuen.

1

Die Genesis der kapitalistischen Produktion analysierend sage ich: »Das kapitalistische System setzt die radikale Scheidung zwischen den Arbeitern und dem Eigentum an den Verwirklichungsbedingungen der Arbeit voraus... *Die Expropriation des ländlichen Produzenten*, des Bauern von Grund und Boden bildet die Grundlage des ganzen Prozesses. Ihre Geschichte nimmt in verschiedenen Ländern verschiedene Färbung an und durchläuft die verschiedenen Phasen in verschiedener Reihenfolge... Nur in England, das wir daher als Beispiel nehmen, besitzt sie klassische Form. *Aber alle anderen Länder Westeuropas machen dieselbe Entwicklung durch.*«

Das »historische Fatum« dieser Entwicklung ist also *ausdrücklich* auf die *Länder Westeuropas* beschränkt. Die Begründung dieser Einschränkung gibt folgende Stelle aus dem 32. Kapitel [im »Kapital«]: »*Das selbsterarbeitete... Privateigentum* wird verdrängt durch das *kapitalistische Privateigentum*, welches auf Exploitation fremder Arbeit, auf der Lohnarbeit beruht.«

Um über diese These nicht den geringsten Zweifel zu lassen, sage ich:

»*Privateigentum*, als Gegensatz zum (gesellschaftlichen), kollektiven Eigentum, besteht nur da, wo (die Arbeitsmittel) und die äußeren Bedingungen der Arbeit *Privatleuten* gehören. Je nachdem aber diese Privatleute die Arbeiter oder die Nichtarbeiter sind, hat auch das Privateigentum einen anderen Charakter.«

So hat der Prozeß, den ich analysiert habe, eine Form des privaten und zersplitterten Eigentums der Arbeitenden durch das kapitalistische Eigentum einer winzigen Minderheit ersetzt, *hat eine Art des Eigentums durch eine andere ersetzt*:

Bei den russischen Bauern würde man im Gegenteil ihr *Gemeineigentum in Privateigentum umzuwandeln haben*. Man möge die Unvermeidlichkeit dieser Umwandlung bejahen oder verneinen, die Gründe für und wider haben nichts mit einer Analyse der Genesis des kapitalistischen Regimes zu tun. Man könnte höchstens daraus folgern, daß, angesichts der gegenwärtigen Lage der großen Mehrheit der russischen Bauern, der Prozeß ihrer Umwandlung in Kleinbesitzer nur der Prolog zu ihrer raschen Expropriation sein würde.

Das ist übrigens der Wunsch der russischen Liberalen; aber erweist sich ihr Wunsch begründeter als der Wunsch Katharinas II., die westliche Zunftordnung des Mittelalters auf russischen Boden zu verpflanzen? [...]

Gewiß, sollte die kapitalistische Produktion in Rußland vorherrschend werden, so muß die große Mehrheit der Bauern, d. h. des russischen Volkes, in Lohnarbeiter verwandelt und folglich durch die vorhergehende Abschaffung ihres Gemeineigentums expropriiert werden. Aber auf alle Fälle hätte der Präzedenzfall im Westen nichts damit zu schaffen.

Die russischen »Marxisten«, von denen Sie sprechen, sind mir völlig unbekannt. Die Russen, mit denen ich in persönlichen Beziehungen stehe, vertreten, soviel ich weiß, völlig entgegengesetzte Ansichten.

2

Das ernsthafteste Argument, das man gegen die russische Dorfgemeinde geltend gemacht hat, läuft auf folgendes hinaus: Soweit man zu den Ursprüngen der westlichen Gesellschaften zurückgeht, findet man überall das Gemeineigentum an Grund und Boden; mit dem gesellschaftlichen Fortschritt mußte es überall dem Privateigentum den Platz räumen; also würde es dem gleichen Schicksal auch in Rußland nicht entrinnen können.

Dieses Argument kommt nur insofern in Betracht, als es sich auf europäische Erfahrungen stützt. Was zum Beispiel Ostindien anbelangt, so ist es jedermann [...] bekannt, daß dort die Abschaffung des Gemeineigentums an Grund und Boden ein purer Akt des englischen Vandalismus war, der für das indische Volk keinen Fortschritt, sondern einen Rückschritt bedeutete. [...]

Wenn Rußland in der Welt isoliert wäre, müßte es auf seine eigene Rechnung die ökonomischen Errungenschaften herausbilden, die Westeuropa nur erworben hat, indem es eine lange Reihe von Evolutionen durchgemacht, von der Existenz seiner Urgemeinschaften bis zu seinem heutigen Zustande. Dann würde, so scheint es mir, kein Zweifel bestehen, daß seine Gemeinden mit der Entwicklung der russischen Gesellschaft unweigerlich zum Untergang verurteilt wären. Aber die Lage der russischen Gemeinde ist durchaus verschieden von der Lage der Urgemeinschaften des Westens. Rußland ist das einzige Land in Europa, wo sich das Gemeineigentum im großen, nationalen Maßstabe behauptet hat, aber gleichzeitig existiert Rußland in einem modernen historischen Milieu, es ist Zeitgenosse einer höheren Kultur, es ist mit einem Weltmarkt verbunden, auf dem die kapitalistische Produktion vorherrscht.

Indem es sich die positiven Ergebnisse dieser Produktionsweise aneignet, ist es also imstande, die noch archaische Form seiner Dorfgemeinde zu entwickeln und umzuformen, statt sie zu zerstören. (Ich bemerke nebenbei, daß die Form des kommunistischen Eigentums in Rußland die modernste Form des archaischen Typus ist, der wiederum selbst eine ganze Reihe von Evolutionen durchgemacht hat.)

3

Die Urgemeinschaften sind nicht alle nach dem gleichen Muster zugeschnitten. Sie bilden vielmehr insgesamt eine Reihe von gesellschaftlichen Gruppierungen, die sich sowohl im Typus wie im Alter voneinander unterscheiden und die aufeinanderfolgenden Entwicklungsphasen kennzeichnen. Einer dieser Typen, den man gewohnheitsmäßig »Landgemeinde« nennt, ist auch der der russischen Gemeinde. Ihr Gegenstück im Westen ist die germanische Gemeinde, die jüngeren Datums ist. Zur Zeit Julius Cäsars existierte sie noch nicht, und sie existierte nicht mehr, als die germanischen Stämme Italien, Gallien, Spanien, etc. eroberten. In der Epoche Julius Cäsars gab es schon eine jährliche Aufteilung des Ackerlands unter Gruppen, den Gentes und den Stämmen, aber noch nicht unter die einzelnen Familien einer Gemeinde; wahrscheinlich erfolgte die Bebauung ebenfalls gruppenweise, gemeinschaftlich. Auf germanischem Boden selbst hat sich diese Gemeinschaft von archaischerem Typus durch eine natürliche Entwicklung zur Landgemeinde umgewandelt, so wie sie Tacitus beschrieben hat. Seither verschwindet sie aus unserem Gesichtsfeld. Sie ging in den unaufhörlichen Kriegen und Wanderungen ruhmlos zugrunde; vielleicht starb sie eines gewaltsamen Todes. Aber ihre natürliche Lebensfähigkeit ist durch zwei unbestreitbare Tatsachen erwiesen. Einige verstreute Exemplare dieses Typus haben alle Wechselfälle des Mittelalters überlebt und sich bis auf unsere Tage erhalten, z. B. in meiner Heimat, der Gegend von Trier. Die neue Gemeinde, in der das Ackerland den Ackerbauern als Privateigentum gehört, während Wälder, Weiden, Ödland etc. immer noch Gemeineigentum bleiben, wurde von den Germanen in allen eroberten Ländern eingeführt. Dank der ihrem Prototyp entlehnten Wesenszüge wurde sie während des ganzen Mittelalters zum einzigen Hort volkstümlicher Freiheit und volkstümlichen Lebens. [...]

4

Sehen wir vorläufig von dem Elend ab, das die russische Gemeinde bedrückt, um allein ihre Entwicklungsmöglichkeiten zu betrachten. [...] Ihr gegenüber steht das Grundeigentum, das fast die Hälfte des Bodens, und zwar den besseren Teil, in seinen Klauen hält. Eben deswegen fällt die Erhaltung der Dorfgemeinde vermittels ihrer Weiterentwicklung mit der allgemeinen Bewegung der russischen Gesellschaft zusammen, deren Erneuerung nur unter dieser Bedingung stattfinden kann. Rußland würde vergeblich versuchen, durch das kapitalistische Pachtsystem nach englischem Vorbild, dem alle sozialen Bedingungen des Landes widerstreben, aus der Sackgasse herauszukommen... [...]

Eine Eigentümlichkeit der »Landgemeinde« in Rußland schwächt und gefährdet sie in jeder Hinsicht, nämlich ihre Isolierung, die fehlende Verbindung zwischen dem Leben der einen Gemeinde mit dem der anderen. Diesen lokal gebundenen Mikrokosmos trifft man zwar nicht überall als einen immanenten Wesenszug dieses Typus an, aber überall, wo er vorhanden ist, hat er einen mehr oder weniger zentralisierten Despotismus über die Gemeinden entstehen lassen. Die Föderation der nordrussischen Republiken beweist, daß diese Isolierung, ursprünglich wahrscheinlich durch die unermeßliche Weite des Territoriums verursacht, zu einem großen Teil durch die politischen Schicksalsschläge gefestigt wurde, die Rußland seit der mongolischen Invasion zu erleiden hatte. Heute ist das ein Hindernis, das ganz leicht zu beseitigen wäre. Man müßte einfach die *Wolost*, eine Regierungsinstitution, durch eine Bauernversammlung ersetzen, die die Gemeinden selbst wählen und die als ökonomisches und administratives Organ ihren Interessen dienen würde.

Es scheint mir, daß in Rußland dieser ursprünglichen Isolierung, die durch die ungeheure Ausdehnung des Territoriums verursacht wurde, leicht abzuhelfen ist, sobald die von der Regierung bereiteten Hindernisse beseitigt sein werden. [...]

5

Um sich entwickeln zu können, muß man vor allem leben, und es ist für niemand ein Geheimnis, daß gegenwärtig das Leben der »Landgemeinde« gefährdet ist.

Abgesehen von jeder mehr oder weniger theoretischen Frage, brauche ich Ihnen nicht zu sagen, daß heute die Existenz der russischen Gemeinde durch eine Verschwörung mächtiger Interessen bedroht ist. Eine gewisse Art von Kapitalismus, genährt durch Vermittlung des Staats auf Kosten der Bauern, hat sich der Gemeinde gegenübergestellt und hat ein Interesse daran, sie zu zerstören. Es ist auch im Interesse der Gutsbesitzer, die mehr oder minder begüterten Bauern zu einer ländlichen Mittelklasse zu konstituieren und die armen Ackerbauern – d. h. die Masse – in einfache Lohnarbeiter zu verwandeln und so wohlfeile Arbeit zu bekommen. Und wie könnte dem eine durch die Erpressungen des Staats erdrückte, durch den Handel ausgeplünderte, durch die Gutsbesitzer ausgebeutete und durch den Wucher von innen ausgehöhlte Gemeinde Widerstand leisten? [...]

Zur selben Zeit, da man die Gemeinde schröpft, sie martert, ihr Land unfruchtbar macht und dem Elend preisgibt, bezeichnen die literarischen Lakaien der »neuen Stützen der Gesellschaft« ironisch die Wunden, die man ihr geschlagen hat, als Symptome ihres inneren und unverkennbaren Verfalls und verkünden, daß sie eines natürlichen Todes sterbe und daß man gut daran täte, ihre Agonie abzukürzen. Hier handelt es sich nicht mehr um ein Problem, das es zu lösen gilt; es geht einfach darum, einen Feind zu schlagen. Um die russische Gemeinde zu retten, ist eine russische Revolution nötig. Die russische Regierung und die »neuen Stützen der Gesellschaft« tun ihrerseits das Nötige, um die Massen auf eine solche Katastrophe vorzubereiten. Wenn die Revolution zur rechten Zeit erfolgt, wenn sie alle ihre Kräfte konzentriert, um den freien Aufschwung der Landgemeinde zu sichern, wird diese sich rasch als ein Element der Regeneration der russischen Gesellschaft und als ein Element der Überlegenheit gegenüber den vom kapitalistischen Regime versklavten Ländern entwickeln.

Was die ersten Einrichtungskosten – intellektueller und materieller Natur – anbelangt, so schuldet die russische Gesellschaft diese der »Dorfgemeinde«, auf deren Kosten sie so lange gelebt hat und in der sie auch ihr Element der »Regeneration« finden muß.

(*1881*, stark gekürzt nach der Zusammenstellung von Brief und Briefentwürfen aus *MEW, Bd. 19* durch Maximilien Rubel in: *Marx/Engels: Die russische Kommune. Kritik eines Mythos*, München, 1972)

Brief an Jenny Marx geb. v. Westphalen

21. Juni 1856
34, Butler Street, Greenheys,
Manchester

Mein Herzensliebchen.

Ich schreibe Dir wieder, weil ich allein bin und weil es mich geniert, immer im Kopf Dialoge mit Dir zu halten, ohne daß Du etwas davon weißt oder hörst oder mir antworten kannst. Schlecht, wie Dein Porträt ist, leistet es mir die besten Dienste, und ich begreife jetzt, wie selbst »die schwarzen Madonnen«, die schimpfiertesten Porträts der Mutter Gottes, unverwüstliche Verehrer finden konnten, und selbst mehr Verehrer als die guten Porträts. Jedenfalls ist keins dieser schwarzen Madonnenbilder je mehr geküßt und angeäugelt und adoriert worden als Dein Photograph, das zwar nicht schwarz ist, aber sauer, und durchaus Dein liebes, süßes, küßliches, »dolce« Gesicht nicht widerspiegelt. Aber ich verbeßre die Sonnenstrahlen, die falsch gemalt haben, und finde, daß meine Augen, so sehr verdorben vom Lampenlicht und Tobacco, doch malen können, nicht nur im Traum, sondern auch wachend. Ich habe Dich leibhaftig vor mir, und ich trage dich auf den Händen, und ich küsse dich von Kopf bis Fuß, und ich falle vor Dir auf die Knie, und ich stöhne: »Madame, ich liebe Sie.« Und ich liebe Sie in der Tat, mehr als der Mohr von Venedig je geliebt hat. Falsch und faul faßt die falsche und faule Welt alle Charaktere auf. Wer von meinen vielen Verleumdern und schlangenzüngigen Feinden hat mir je vorge-

163

worfen, daß ich berufen sei, eine erste Liebhaberrolle auf einem Theater zweiter Klasse zu spielen? Und doch ist es wahr. Hätten die Schufte Witz besessen, sie hätten »die Produktions- und Verkehrsverhältnisse« auf die eine Seite gemalt und mich zu Deinen Füßen auf der andern. Look to this picture and to that – hätten sie drunter geschrieben. Aber dumme Schufte sind es und dumm werden sie bleiben, in seculum seculorum.

Momentane Abwesenheit ist gut, denn in der Gegenwart sehn sich die Dinge zu gleich, um sie zu unterscheiden. Selbst Türme erscheinen in der Nähe zwerghaft, während das Kleine und Alltägliche in der Nähe betrachtet zu sehr wächst. So ist es mit den Leidenschaften. Kleine Gewohnheiten, die durch die Nähe, mit der sie einem auf den Leib rücken, leidenschaftliche Form annehmen, verschwinden, sobald ihr unmittelbarer Gegenstand dem Auge entrückt ist. Große Leidenschaften, die durch die Nähe ihres Gegenstandes die Form von kleinen Gewohnheiten annehmen, wachsen und nehmen ihr naturgemäßes Maß wieder ein durch die Zauberwirkung der Ferne. So ist es mit meiner Liebe. Du brauchst mir nur durch den bloßen Traum entrückt zu sein, und ich weiß sofort, daß die Zeit ihr nur dazu gedient hat, wozu Sonne und Regen den Pflanzen dient, zum Wachstum. Meine Liebe zu Dir, sobald Du entfernt bist, erscheint als was sie ist, als ein Riese, in die sich alle Energie meines Geistes und aller Charakter meines Herzens zusammendrängt. Ich fühle mich wieder als Mann, weil ich eine große Leidenschaft fühle, und die Mannigfaltigkeit, worin uns das Studium und moderne Bildung verwickeln, und der Skeptizismus, mit dem wir notwendig alle subjektiven und objektiven Eindrücke bemängeln, sind ganz dazu gemacht, uns alle klein und schwach und quengelnd und unentschieden zu machen. Aber die Liebe, nicht zum Feuerbachschen Menschen, nicht zum Moleschottschen Stoffwechsel, nicht zum Proletariat, sondern die Liebe zum Liebchen und namentlich zu Dir, macht den Mann wieder zum Mann.

Du wirst lächeln, mein süßes Herz, und fragen, wie ich auf einmal zu all der Rhetorik komme? Aber könnte ich Dein süßes weißes Herz ans Herz drücken, so würde ich schweigen und kein Wort sagen. Da ich nicht küssen kann mit den Lippen, muß ich mit der Zunge küssen und Worte machen. Ich könnte in der Tat sogar Verse machen und Ovids »Libri Tristium«, zu teutsch Bücher des Jammers, nachreimen. Er war bloß vom Kaiser Augustus verbannt. Ich aber bin von Dir verbannt, und das begriff Ovid nicht.

Es gibt in der Tat viele Frauenzimmer auf der Welt, und einige darunter sind schön. Aber wo finde ich ein Gesicht wieder, wo jeder Zug, selbst jede Falte die größten und süßesten Erinnerungen meines Lebens wieder erweckt? Selbst meine unendlichen Schmerzen, meine unersetzlichen Verluste* lese ich in Deinem süßen Antlitz, und ich küsse mich weg über den Schmerz, wenn ich Dein süßes Gesicht küsse. »Begraben in ihren Armen, auferweckt von ihren Küssen« – nämlich in Deinen Armen und von Deinen Küssen, und ich schenke den Brahmanen und dem Pythagoras ihre Lehre von der Wiedergeburt und dem Christentum seine Lehre von der Auferstehung.

Zum Schluß some facts. Ich habe dem Isaac Ironside heute das first paper of the series geschickt und dazu (i. e. zu dem Text der Depeschen) Noten in meiner eignen Handschrift und mit meinem eignen Englisch gemacht. Es war mir natürlich nicht ganz mundrecht, daß Frederic** mit seinem kleinen kritischen Runzelgesicht das Zeug ruhig durchlas, bevor es abgeschickt ward. Mais pour la première fois, he was quite astonished and exclaimed that this important work ought to be published in another form and, above all things in German. Ich werde Dir und dem alten Geschichts-Schlosser in Deutschland die erste Nummer schicken. [...]

Ade mein süßes Herz. Ich küsse dich viel tausendmal und die Kinder.

Dein Karl

(MEW, Bd. 29)

---

* der Tod seiner Kinder Guido, Franziska und Edgar
** Engels

Textausgaben:

Die »blauen Bände«: *Marx Engels Werke* (kurz MEW), hrsg.
vom Institut für Marxismus-Leninismus des ZK der SED, Berlin/DDR. – Die in den sechziger Jahren erschienene, klassische
und – nachdem auch die unter Stalin geächteten »Frühschriften« in Ergänzungsbänden hinzugenommen wurden – immer
noch vollständigste Ausgabe, die sukzessive durch eine neue
MEGA *(Marx Engels Gesamtausgabe)* ersetzt werden soll.

Einen Sonderfall der Editionsgeschichte bilden die 1938/39
vom Moskauer Marx-Engels-Institut veröffentlichten *Grundrisse zur Kritik der politischen Ökonomie*, der sogenannte Marxsche »Rohentwurf«, die ersten Studien zu dem Werk, das dann
nach etlichen Umarbeitungen und Planänderungen »Das Kapital« werden sollte. 1968 erschienen sie auch in Westdeutschland
(Frankfurt/M.).

Für den Diskussionskontext der linksradikalen Exilanten in
Paris (Marx, Bauer, Ruge, Heine) siehe die Faksimileausgabe
der *Deutsch-Französische(n) Jahrbücher*, herausgegeben von
Arnold Ruge und Karl Marx (1844), Reprint 1967, Darmstadt.

Zur Einführung in Leben und Werk:

Blumenberg, Werner: *Karl Marx*, Reinbek
(rororo Bildmonographie) 1962.
Euchner, Walter: *Karl Marx*, München 1987.
Fetscher, Iring: *Karl Marx und der Marxismus. Von der Ökonomiekritik zur Weltanschauung*, München–Zürich 1985 (4.
Auflage).
Kliem, Manfred (Hrsg.): *Karl Marx. Dokumente seines Lebens*,
Leipzig 1970.
Mehring, Franz: *Karl Marx. Geschichte seines Lebens*, Berlin
1918.
Rubel, Maximilien (Hrsg.): *Marx-Chronik / Daten zu Leben
und Werk*, München 1968.

Zum Weiterlesen und -streiten:

Althusser, Louis: *Für Marx*, Frankfurt/M. 1968. – Der klassische Text einer »strukturalistischen« Marxinterpretation.

Anderson, Perry: *Über den westlichen Marxismus*, Frankfurt/M. 1978. – Eine Art Ideengeschichte und politische Soziologie der auf Marx folgenden Intellektuellengenerationen von Kautsky bis Adorno, verfaßt vom britischen Historiker und Herausgeber der linken Theoriezeitschrift *New Left Review*.

Angehrn, Emil/Lohmann, Georg (Hrsg.): *Ethik und Marx*, Königstein/Ts. 1986. – Aufsatzsammlung deutscher linker Philosophen. (Vgl. dazu auch: Otto Kallscheuer, »Gerechtigkeit und Freiheit bei Marx. Ethische Probleme bei Marx – Marxens Probleme mit der Ethik«, in: *Prokla*, Nr. 65 (1986), S. 121–144.)

Bernstein, Eduard: *Die Voraussetzungen des Sozialismus und die Aufgaben der Sozialdemokratie*, Bonn–Bad Godesberg 1973. Der erste (und auch heute wieder lesenswerte) »revisionistische« Text zur Begründung eines reformerischen Sozialismus, verfaßt von einem der engsten Mitarbeiter des alten Friedrich Engels.

Brus, Wlodimierz und Laski, Kasimierz: *Von Marx zum Markt*, Marburg 1990. – Das Beste, was zum endgültigen Scheitern der Planökonomie heute zu lesen ist. Die Autoren wissen, wovon sie reden: sie haben jahrzehntelang versucht, Marktelemente mit Planökonomie zu verbinden.

Calvez SJ, Jean-Yves: *Karl Marx. Darstellung und Kritik seines Denkens*, Olten–Freiburg i. Br. 1964. – Im Zeichen des »Dialogs« Marxismus-Christentum entstandene lesenswerte Gesamtdarstellung aus fortschrittlich-jesuitischer Sicht.

Castoriadis, Cornelius: *Gesellschaft als imaginäre Institution*, Frankfurt/M. 1984. – Im ersten Teil: »Der Marxismus: eine vorläufige Bilanz«, rechnet der libertäre Philosoph, einer der wichtigsten Vordenker der Neuen Linken, mit der marxistische Geschichtsphilosophie ab.

Demetz, Peter: *Marx, Engels und die Dichter*, Stuttgart 1959. – Wenn man die literarischen Vorlieben des schreibwütigen Weltbürgers Marx kennenlernen will.

Folgen einer Theorie. Essays über »Das Kapital« von Karl Marx, mit Beiträgen von E. Th. Mohl u. a., Frankfurt/M. 1967. – Dokumentiert den beginnenden »akademischen Marxismus« in Westdeutschland.

Gorz, André: *Kritik der ökonomischen Vernunft. Sinnfragen am Ende der Arbeitsgesellschaft*, Berlin 1989. – Der aktuellste sozial(istisch)e und ökologische Versuch, das Marxsche »Kapital« fortzuschreiben – d. h.: die schal gewordene Utopie der Marxschen »Arbeitsgesellschaft« mithilfe des Marxschen Freiheitsbegriffs zu kritisieren.

Habermas, Jürgen: *Theorie und Praxis*, Neuwied und Berlin 1967. – Sozialphilosophische Studien, die zeigen, was das heutige Oberhaupt der Frankfurter Schule vom »toten Hund« und der Praxisphilosophie des »westlichen Marxismus« gelernt hat. (Vgl. dazu zuletzt: Axel Honneth, »Logik der Emanzipation. Zum philosophischen Erbe des Marxismus«, in: Hans Leo Krämer/Claus Leggewie (Hrsg.), *Wege ins Reich der Freiheit*, Berlin 1989, S. 86–106).

Henning, Eike, u. a. (Hrsg.): *Karl Marx/Friedrich Engels. Staatstheorie*, Frankfurt/M. – Berlin – Wien. – Kommentierte Zusammenstellung der wichtigsten staatstheoretischen Texte von Marx und Engels. Für eine rechtsphilosophische Kritik siehe die weiter unten angeführten Texte von Hans Kelsen und Karl Renner.

Kallscheuer, Otto: *Marxismus und Erkenntnistheorie in Westeuropa*, Frankfurt/M. – New York 1986. – Ein Führer durch die marxistische Philosophie dieses Jahrhunderts, dicker Schinken, der gottlob nicht durchgelesen werden muß, sondern dank Register als Nachschlagwerk benutzt werden kann.

Kelsen, Hans: *Marx oder Lassalle* (1927), Darmstadt 1967. – Eine bis heute unüberholte kritische Auseinandersetzung mit der Marxschen und der orthodox-marxistischen Staatsauffassung, verfaßt vom Vater der »reinen Rechtslehre«, geschrieben in solidarischer Auseinandersetzung mit der »austromarxistischen« Sozialdemokratie.

Korsch, Karl: *Marxismus und Philosophie* (1923), Frankfurt/M. – Wien 1967. – Das klassische Werk eines linksradikalen »praxisphilosophischen« Marxismus, das für die Marx-Rezeption der westdeutschen »Achtundsechziger« eine zentrale Rolle gespielt hat.

Landshut, Siegfried: Einleitung, in: *Karl Marx, Die Frühschriften*, Stuttgart 1953. – Der klassische Text einer humanistisch-sozialdemokratischen Lesart des jungen Marx, die in den Jahren des »Kalten Krieges« als westliche Alternative« zum östlichen Sowjetmarxismus galt.

Löwith, Ernst: »Max Weber und Karl Marx«, in: ders., *Sämtliche Schriften*, Bd. 5, Stuttgart 1988, S. 324–407. – Schlüsseltext des bedeutenden Philosophen (wie Marcuse Heidegger-Schüler) zum Verständnis der Bedeutung von Marx als Geburtshelfer der modernen Soziologie. (Zum Verhältnis Marxismus – Soziologie in Deutschland sollten unbedingt auch die Texte der Zeitgenossen Max Webers neu gelesen werden, etwa: Georg Simmel, Philosophie des Geldes, Taschenbuchausgabe Frankfurt/M. 1989; sowie Werner Sombart, Das Lebenswerk von Karl Marx, Jena 1908; und Ferdinand Tönnies, Gemeinschaft und Gesellschaft, Neuausgabe Darmstadt 1963.)

Maihofer, Werner: *Demokratie im Sozialismus*, Frankfurt/M. 1968. – Marx als Verteidiger der liberalen Freiheitsrechte, so gelesen in den »Frühschriften« eines später für Berufsverbote zuständigen sozialliberalen Innenministers. (Man sollte überhaupt mehr Frühschriften studieren.)

März, Eduard: *Einführung in die Marxsche Theorie der wirtschaftlichen Entwicklung*, Wien 1976. – Das Buch (ent)hält, was der Titel verspricht.

Marcuse, Herbert: »Neue Quellen zur Grundlegung des Historischen Materialismus« (1932), in: H. Marcuse, *Schriften*, Bd. 1, Frankfurt/M. 1978, S. 509–555. – Die erste bedeutende philosophische (»heideggermarxistische«) Interpretation der Marxschen »Frühschriften«, insbesondere der »Pariser Manuskripte«.

Negt, Oskar/Mohl, Ernst Theodor: »Marx und Engels – Der unaufgehobene Widerspruch von Theorie und Praxis«, in: *Pipers Handbuch der politischen Ideen*, hrsg. von Iring Fetscher und Herfried Münkler, Bd. 4, München–Zürich 1986, S. 449–513. – Eine Art offizieller »Summa« des linkssozialdemokratischen, mit der Studentenbewegung (usw.) gealterten und gereiften Marx-Verständnisses.

Nolte, Ernst: *Marxismus und Industrielle Revolution*, Stuttgart 1983. – Jawohl, es ist »der« Nolte (aus dem »Historikerstreit« in fragwürdiger Erinnerung). Er hat eine kluge und ausgezeichnete Darstellung der ideengeschichtlichen Voraussetzungen von Marx' Kapitalismuskritik geliefert, die in ihrem Verhältnis zur industriellen Revolution in England mit einer Reihe konservativer Kritiker aus verwandten Motiven zu entgegengesetzten Ergebnissen kommt. Empfehlung: Sollte parallel zu André Gorz (Kritik der ökonomischen Vernunft) gelesen werden.

Renner, Karl (unter dem Pseudonym: »J.Karner«): »Die soziale Funktion der Rechtsinstitute« in: *Marx-Studien*, Bd. 1 (1904),

S. 65–193. – Bedeutender rechtstheoretischer Text des jungen Renner, der später zum »Realpolitiker« der österreichischen Sozialisten (und nach dem zweiten Weltkrieg zum Staatspräsidenten) wurde. In derselben Nummer der *Marx-Studien* findet sich übrigens der wichtige sozialphilosophische Text des idealsozialistischen »Fundis« der Austromarxisten, Max Adler: »Kausalität und Teleologie im Streit um die Wissenschaft«.

Rubel, Maximilien (Hrsg.): *Marx/Engels: Die Russische Komune*, München 1972. – Marx/Engels als die ersten »Antileninisten«.

Schumpeter, Joseph: *Kapitalismus, Sozialismus und Demokratie*, Bern 1950. – Die immer noch lesenswerte, geistreiche Abhandlung eines »Bürgerlichen«, der zugibt, eine Menge von Marx gelernt zu haben.

Vranicki, Predag: *Geschichte des Marxismus*, Frankfurt/M. 1983. – Da die von Eric Hobsbawm u. a. herausgegebene und beste internationale (fünfbändige) *Storia del Marxismo* (Turin, Einaudi-Verlag 1982–1986) nicht in deutscher Übersetzung vorliegt, muß man sich mit dieser ganz braven, aber wenig originellen Theoriegeschichte (vom Standpunkt, des jugoslawischen, sozusagen »blockfreien« Marxismus aus verfaßt) behelfen.

BARBARA SICHTERMANN, geboren 1943 in Erfurt, studierte Volkswirtschaft an der FU Berlin. Sie lebt heute als freie Autorin in Berlin. Mitherausgeberin des *Freibeuter*.

BARBARA SICHTERMANN

Vorsicht Kind!
Eine Arbeitsplatzbeschreibung für Mütter, Väter und andere
»Ein sehr wichtiges Buch, das aufräumt mit allen romantischen
Vorstellungen von der Selbstverständlichkeit der ›Mutterliebe‹,
die naturgemäß mit allem klarkommt.« EMMA
Wagenbach: Taschenbuch 87. 112 Seiten

Weiblichkeit
Zur Politik des Privaten
»Barbara Sichtermann plädiert für die Lust, die am Denken und
die an der Liebe – und für die Anstrengung, beides miteinander
zu verbinden.« MANUELA REICHART, DIE ZEIT
Wagenbach: Taschenbuch 106. 128 Seiten

FrauenArbeit
*Über wechselnde Tätigkeiten
und die Ökonomie der Emanzipation*
»An diesen Aufsätzen besticht ihre brilliante Sprache und der
gedankliche Aufbau. Oft scheint sie von relativ weit her zu kommen und landet dann doch ganz rasch am Punkt. Gerade diese
Aufsätze hätten es verdient, auch von Männern gelesen zu werden.« ANKE MARTINY-GLOTZ, SÜDWESTFUNK
Wagenbach: Taschenbuch 144. 144 Seiten

Wer ist wie?
Über den Unterschied der Geschlechter
Mit diesem Buch über die *produktiven Unterschiede* zwischen
den Geschlechtern greift Barbara Sichtermann die immer noch
offenen und vieldiskutierten Fragen der Emanzipationsbewe-
gung auf: Sind Frauen gefühlvoller als Männer? Sind sie friedlicher, haben sie eine höhere Ethik?
Wagenbach: Taschenbuch 153. 112 Seiten

Rote Socken

Lothar Baier
Volk ohne Zeit

Nachdem die halbe Welt die Deutschen daran gehindert hatte, Raum zu erobern, wurden sie zu Imperialisten der Zeit: Sie begriffen, daß heute das Tempo der technologischen Entwicklung über den Weltrang entscheidet. Lothar Baier beschreibt diese Eile.

»Lothar Baier, als Essayist eine der guten Federn der Republik, hat sich auch des Themas Deutschland angenommen. Aber er beschreibt nicht nur, wie so viele, Oberflächenphänomene; vielmehr schaut er den Vorgängen unter die Haut, verknüpft Beobachtungen, sieht Wirkungszusammenhänge, kommt so zu überraschenden Einsichten.«
Badische Zeitung
Wagenbachs Taschenbuch 182, 128 Seiten

Lesebuch:
Deutsche Literatur zwischen 1945 und 1959

Ein beispielhaftes Lesebuch mit beispielhaften Texten: Welche Literatur hat das Nachkriegsdeutschland (in beiden Staaten) beschrieben und geprägt?

»Alte und neue Texte, sind hier auf sehr geschickte Weise zu einem Prisma montiert worden, durch das wir die Problemfelder unserer Gegenwart in unerwarteter Schärfe wahrnehmen.«
Jochen Vogt, Freitag
Herausgegeben von Klaus Wagenbach
Wagenbachs Taschenbuch 222, 224 Seiten

Wolf Biermann / Heinrich Heine
Deutschland
Ein Wintermärchen

Zwei deutsche Dichter reisen durch Deutschland, der eine 1843, der andere 1964. Der eine über den Rhein, und mitten durch die Kleinstädterei, der andere über die Spree, und mitten durch die deutsche Teilung. Beide kommen in die Vaterstadt Hamburg und fallen unter Landsleute.

»Zwei literarische Texte, angefüllt mit politischer Aktualität und Brisanz, und zugleich Zustandsbeschreibung und Bewahrung von Hoffnung darstellend.«
Ostthüringer Nachrichten
Wagenbachs Taschenbuch 185, 144 Seiten

Norberto Bobbio
Rechts und Links

Ein politischer Essay des großen alten Mannes der italienischen Philosophie: Welche Bedeutung und welchen Sinn haben die Begriffe »rechts« und »links«?

»Bobbios Schrift gegen den Zeitgeist, der sich in bequemen Nivellierungen gefällt, besticht einerseits durch die kühle analytische Haltung, mit der sie ihren Stoff durchdringt und transparent macht; andererseits dadurch, daß sich ihr Autor nicht hinter einer Wand von Neutralität und Distanz verschanzt.«
Hans-Martin Lohmann, Frankfurter Rundschau
Wagenbachs Taschenbuch 234, 96 Seiten

Peter Brückner
Versuch, uns und anderen die Bundesrepubilk zu erklären

Der Titel dieses Buches ist wörtlich zu nehmen und sollte erklären helfen, warum die hochmoderne Gesellschaft der BRD kaum in der Lage ist, demokratischen Konsens und den Mut zur Freiheit hervorzubringen.

»Wo Brückner analysiert, ist er so bestechend wie bestürzend. Seine Fragen sind so bohrend wie seine hin und her flitzenden ›Assoziationen‹ erhellend.«
Fritz J. Raddatz, Die Zeit
Allgemeines Programm, 184 Seiten

Peter Brückner
Ulrike Marie Meinhof und die deutschen Verhältnisse

Die wichtigsten Aufsätze Ulrike Meinhofs sind in diesem Buch gesammelt. Peter Brückner erläutert die Zusammenhänge und historischen Bezüge und beschreibt in einem Nachwort die deutschen Verhältnisse, an denen Ulrike Meinhof zugrunde ging.

»Dies Buch ist Anlaß zum Nachdenken in Trauer um U.M. Meinhof und die deutschen Verhältnisse, denn beide gehören zusammen; isoliert voneinander sind sie unverständlich.«
Heinz Abosch, Vorwärts
Wagenbachs Taschenbuch 245, 208 Seiten

Ulrike Marie Meinhof
Die Würde des Menschen ist unantastbar

Zeugnisse aus der Frühzeit der Bundesrepublik und Beispiele eines entschiedenen Journalismus: Wer diese Texte liest, versteht, warum Zivilcourage nicht viel zählt in unserem Land.

»Ulrike Meinhofs Gesellschaftsanalysen haben auch heute nichts von ihrer Aktualität verloren, wenn sie z.B. die Medienkonzentration oder die Benachteiligung von Frauen anprangert.«
Guy Kempfert, Kulturmagazin
Broschur, 192 Seiten